Die Zukunft ist Heute

THOMAS F. MOSER

Die Deutsche Nationalbibliothek verzeichnet diese Publikation in der Deutschen Nationalbibliografie, detaillierte bibliographische Daten sind im Internet über http://dnb.d-nb.de abrufbar.

Impressum:
Thomas F. Moser
c/o AutorenServices.de
Birkenallee 24
36037 Fulda
info@tmu.com.mt

Copyright © 2018 Thomas F. Moser
Layout by fiver.com/Aalishaa
Coverdesign by fiver.com/Erolli

Alle Rechte vorbehalten.

ISBN: 9781791694524
Imprint: Independently published

INHALT

Vorwort.. 1

Was ist digitale Kompetenz?....................... 11

Die DNA digitaler Experten 19

    Digitale Fähigkeiten................................. 22

    Führungsfähigkeiten 23

Das exponentielle Wachstum 27

Die vier Stufen der digitalen Kompetenz...... 33

Digitale Leistungsfähigkeit und
Umsatzgenerierung...................................... 39

Führungsfähigkeit und Profitabilität........... 43

Der Leistungsvorteil digitaler Experten 45

Haben Sie Zeit zu warten? 49

Wie Sie jetzt anfangen können 53

Das Erschaffen eines überzeugenden
Kundenerlebnisses 59

Was machen digitale Experten anders?....... 69

Aufbau von Reichweite und
Kundenengagement 73

Die nahtlose Verbindung physischer und
digitaler Erfahrungen................................... 81

Die Macht digital transformierter Abläufe ... 83

Schaffen Sie Ihren operativen Vorteil 89

Das Neuerfinden von Geschäftsmodellen 93

Etablierte Unternehmen müssen sich
vorsehen 99

Das Verständnis der
Geschäftsmodelltransformation 107

Das Entwerfen Ihrer digitalen Vision.......... 113

Die Vision ist wichtig; die transformative
Vision ist noch wichtiger 121

Schlusswort 123

Literatur 130

DANKSAGUNG

Mein Dank gilt all den vielen Gesprächspartnern der letzten zwei Jahren und den Unternehmen in denen ich den Umgang mit Technologie und Wandel beobachten durfte.

Weiterer Dank gilt Efkan Nas und Sven Müller, ohne die dieses Projekt nicht zu einem Buch geworden wäre. Und nicht zuletzt möchte ich auch meinen „Experten" für das Layout und die Covergestaltung danken:
fiver.com/Aalishaa für das Layout und
fiver.com/Erolli für die Cover-Gestaltung.

VORWORT

Technologie ist schlicht gesagt die größte und bedeutendste Story im heutigen Geschäftsleben. Es gibt natürlich noch andere große Geschichten. Die Große Rezession der Jahre 2007-2009 und die anschließende Staatschuldenkrise in den USA waren äußerst wichtige Ereignisse; sie beeinflussten das Schicksal unzähliger Menschen und Unternehmen – die Auswirkungen sind noch lange nicht vorbei und Disruptionen werfen wieder ihre Schatten an die Wand.

Globalisierung und Outsourcing sind zentrale Schlüsselkräfte, die Strategie und Struktur jetzt und in Zukunft prägen.

Die demographische Entwicklung vollzieht sich in einer Weise, die zu tiefgreifenden und nachhaltigen Veränderungen in den Märkten führen wird. Auch das sind zwar große Themen, doch die Technologie ist größer. Sie ist größer und mächtiger, weil die jüngsten Fortschritte in allen digitalen Bereichen bestehende Schranken aufheben und aufregende neue Möglichkeiten schaffen, die das Leben und die Unternehmen aller Menschen betreffen.

Beispielsweise:

Möchten Sie endlich die Stimme Ihrer Kunden hören und sich aus der beschränkten Perspektive von Umfragen und Fokusgruppen befreien?

Die sozialen Medien erlauben es Ihnen.

Möchten Sie, dass Ihre Mitarbeiter alle verfügbar und produktiv sind, egal wo sie sich befinden? Mobile Computing macht es möglich. Möchten Sie deutlich bessere Prognosen, Beurteilungen und Entscheidungen in Schlüsselbereichen?

Das ist das Versprechen von Big Data.

Die Zukunft ist heute

Sie wollen völlig neue Organisationsstrukturen, Geschäftsprozesse und Kundenangebote einführen und im Laufe der Zeit schnell an veränderte Gegebenheiten anpassen? Wir alle wissen, dass diese Dinge möglich sind, weil wir gesehen haben, wie Unternehmen sie alle umgesetzt haben. Die Technologiewelle entwickelt sich schon seit langem, hat sich in den letzten Jahren jedoch exponentiell beschleunigt.

In den letzten 14 Jahren gab es bemerkenswerte Fortschritte in den digitalen Technologien. Der Begriff Web 2.0 wurde 2004 populär als Zeichen für einen tiefgreifenden Wandel im World Wide Web: eine große Demokratisierung der Inhaltserstellung.

Der Aufstieg von Facebook, Twitter, Wikipedia und vielen anderen Plattformen voller nutzergenerierter Inhalte zeigt, dass es wirklich eine neue Version des Webs gibt. Darüber hinaus scheint eine neue Generation von Computergeräten die jahrzehntelange Dominanz des PCs als bevorzugtes Gerät für Wissensarbeiter in Frage zu stellen und sogar vollständig umzukehren. Die beiden Durchbrüche von

Apple – das iPhone im Jahr 2007 und das iPad im Jahr 2010 – läuteten die Ära des Smartphones und des Tablets ein und machten die langjährigen Versprechen des Mobile Computing wahr.

Diese technologischen Fortschritte sind erstaunlich, aber die wirkliche Auswirkung besteht darin, wie sie die Art und Weise verändern, wie wir leben und arbeiten. Unternehmen und Menschen können Dinge tun, die vor einem Jahrzehnt unmöglich gewesen wären.

Stellen Sie sich vor, Sie gehen einkaufen und haben Lust auf Fertigprodukte aus dem Supermarkt. Als Sie vor dem Regal stehen und die Hand ausstrecken, vibriert Ihre Smartwatch. Sie bekommen eine Nachricht: „Das sollten Sie nicht kaufen… es gefährdet Ihre Arbeitskraft und Gesundheit!"

Sie greifen dennoch zu und im gleichen Moment werden Sie durch einen elektrischen Schlag aus Ihrer Uhr oder eine aus der Decke herabfallende Drohne exekutiert und von einer anderen Drohne aus dem Supermarkt entsorgt.

Fantasie? Auch dann noch, wenn Sie erfahren, dass Ihre Pulsuhr ständig Daten über Ihre Fitness an Ihre Krankenkasse übertragen hat und eine Analyse Ihrer Daten beweist, dass Ihr zukünftiger Krankheitsstatus die Gesellschaft aufgrund von Fehlernährung mehr kosten wird, als Sie als Steuer- und Abgabenzahler erwirtschaften werden…?

Wo sehen Sie denn aktuell für solche Szenarien eine politische Gegenkraft? Welche Betrachtung angesichts leerer Gesundheits- und Sozialkassen soll eine solche Analyse aufhalten? Haben Sie schon wahrgenommen, dass Sie bessere Tarife bekommen, wenn Sie Ihre Fitnessdaten überwachen lassen? (Boyd 2017)

Das eigene Rechenzentrum wurde in den letzten Jahren genauso stark gefährdet wie der Desktop – dank des rasanten Anstiegs des Cloud Computing, welches die Standardannahme in Frage stellt, dass man Technologien wie Server, Betriebssysteme und Anwendungen besitzen muss, wenn man sie nutzen will.

Unternehmensanwendungen, soziale Netzwerke, mobile Geräte, Sensoren und fast jedes andere Element der modernen digitalen Infrastruktur erzeugen Unmengen von Daten – so viele, dass wir eine neue Begrifflichkeit nutzen müssen, um die aktuelle Ära zu unterscheiden.

Diese und viele andere Innovationen werden kombiniert, um uns die Sharing Economy (Supercomputer, die Gameshows gewinnen; Autos, die sich selbst fahren; usw.) und eine Vielzahl anderer Neuerungen zu bieten, die unser Denken über Unternehmensstruktur, Arbeitskosten und die Beziehung zwischen Mensch und Maschine grundlegend verändern.

Das letzte Mal, als so viel technologische Innovation die Geschäftswelt erreichte, geschah das zum ersten Mal. Es war die industrielle Revolution, als neue Maschinen die Kurve des Handels, des Kapitalismus und der Menschheitsgeschichte bogen. Heute bringt die Innovation in den digitalen Technologien unsere Welt in das, was ich das „zweite Maschinenzeitalter" nennen würde.

Während viele Unternehmen immer noch leugnen, wie sich die Industrie 4.0 auf ihr Geschäft auswirken könnte oder darum kämpfen, das Talent oder Wissen zu finden, um es für ihre individuellen

Anwendungsfälle am besten einzusetzen, implementieren mehrere andere Unternehmen heute viel weitergehende Änderungen und bereiten sich auf eine Zukunft vor, in der intelligente Maschinen ihr Geschäft verbessern. Hier sind nur einige der möglichen Anwendungen:

Identifizieren Sie Ihre Möglichkeiten: Da vernetzte Maschinen eine enorme Menge an Daten sammeln, die die Wartung, Leistung und andere Probleme informieren und diese Daten analysieren können, um Muster und Erkenntnisse zu identifizieren, die für einen Menschen in einem angemessenen Zeitrahmen unmöglich sind, bietet Industrie 4.0 den Herstellern die Möglichkeit, ihre Abläufe schnell und effizient zu optimieren, indem sie wissen, worauf sie achten müssen.

Sind Sie bereit für das zweite Maschinenzeitalter? Bei allem Respekt, wahrscheinlich sind Sie das nicht. Ich sage das, weil ich in den letzten Monaten untersucht habe, wie Unternehmen auf der ganzen Welt und in vielen Branchen mit digitalen Technologien arbeiten. Ich habe von Hunderten von Unternehmen Daten gesammelt und etliche Personen befragt.

Ich habe mit Führungskräften gesprochen und die Leistung der Unternehmen untersucht. Ich habe sowohl untersucht, wie die Unternehmen mit allen Dingen digital umgehen, als auch die Ergebnisse ihrer Bemühungen. Und ich habe bestehende Erkenntnisse der vergangenen Zeit bis zu 7 Jahre zurück miteinbezogen, um die Veränderungen deutlicher erkennen zu können.

Meine grundlegendste Schlussfolgerung ist, dass es „digitale Experten" gibt – Unternehmen, die digitale Technologien nutzen, um ein deutlich höheres Maß an Gewinn, Produktivität und Leistung zu erzielen – doch diese sind rar. Aus Gründen, die ich hier erläutern werde, sind die meisten Unternehmen nicht in der Lage, digitale Meisterleistungen zu erbringen. Das ist die schlechte Nachricht und deshalb glaube ich, dass Sie wahrscheinlich (noch) nicht bereit sind, im zweiten Maschinenzeitalter zu überleben und zu gedeihen.

Die gute Nachricht: Die Gründe, warum Unternehmen nicht über die digitale Kompetenz verfügen, sind nicht mysteriös oder allzu zahlreich, um sie aufzulisten. Die

Gründe dafür sind ziemlich einfach zu kategorisieren. Unternehmen, die Probleme damit haben, wirklich digital zu sein, entwickeln keine digitalen Fähigkeiten, um anders zu arbeiten und ebenso wenig die Führungsqualitäten, die erforderlich sind, um eine Vision zu definieren und umzusetzen.

Die Unternehmen, die sich sowohl in digitalen als auch in Führungsqualitäten auszeichnen, sind digitale Experten.

Digitale Experten zeichnen sich durch zwei wesentliche Fähigkeiten aus. Sie bauen digitale Fähigkeiten auf, indem sie ihre Geschäftsprozesse, ihre Kundenbeziehungen und ihre Geschäftsmodelle überdenken und verbessern. Sie bauen außerdem starke Führungsqualitäten auf, um die Transformation voranzutreiben. Jede Dimension der Fähigkeit ist für sich genommen wichtig. Zusammen machen sie Sie zu einem digitalen Experten. Die folgenden Kapitel des Buches untersuchen die essenziellen Fähigkeiten, die die DNA der digitalen Kompetenz bilden.

Innerhalb der nächsten zehn Jahre werden Industrien, Volkswirtschaften und wahrscheinlich ganze Gesellschaften durch eine Flut von Technologien verändert, die bisher nur in der Science Fiction Welt existierten, nun aber in die Geschäftswelt eindringen und sie verändern. Es ist eine Herausforderung zum digitalen Experten zu werden, aber es gab noch nie einen besseren Zeitpunkt. Je länger Sie warten, desto schwieriger wird es.

Was ist digitale Kompetenz?

Das Sportwarenunternehmen Nike hat sein Geschäft auf Innovationen aufgebaut. Laut CEO Mark Parker: „Wir sind ein innovatives Unternehmen... Innovation und Design stehen im Mittelpunkt unseres Handelns." (Bloomberg 2013) Dieser Innovationsfokus geht über die Produkte von Nike hinaus und umfasst die Art und Weise, wie das Unternehmen mit den Kunden zusammenarbeitet und sogar die Art und Weise, wie es interne Abläufe steuert.

Die digitale Technologie ermöglicht neue Arten von Innovationen. Online-Kunden können personalisierte Schuhe in Hunderten von Farbkombinationen bestellen. Digitale Werkzeuge haben das Produktdesign und die Fertigung schneller und effizienter als je zuvor gemacht. Zusätzliche digitale Funktionen haben Nike geholfen, die Transparenz und Leistung in seinen Betrieben zu verbessern, die Effizienz zu steigern, Verschwendung zu reduzieren und die soziale Verantwortung der Unternehmen in der globalen Lieferkette des Unternehmens zu verbessern.

Soziale Medien ermöglichen es Nike, ein wesentlicher Bestandteil des Gesprächs über wichtige Sportarten, Sportveranstaltungen und Sportbekleidung zu sein.

Und die digitalen Produkte von Nike, wie das FuelBand, ermöglichen es Athleten ihr Training zu verfolgen, ihre Leistungen online zu teilen und sogar Ratschläge von digitalen „Trainern" zu erhalten. In der Zwischenzeit liefern sowohl soziale Medien als auch digitale Produkte Nike umfangreiche Daten über Kunden, ihre Aktivitäten und Präferenzen. Diese Innovationen entstehen in verschiedenen Bereichen des Unternehmens, da Manager ständig nach neuen Wegen zur Verbesserung suchen.

CEO Parker: „Ich sage immer, dass wir uns auf unser Potenzial und die Distanz zwischen dem, was wir sind und unserem Potenzial konzentrieren, nicht auf die Distanz zwischen uns und unserer Konkurrenz. Genau an diesem Punkt sollte ein Anführer sein. Und wenn Sie sich auf diesen Bereich konzentrieren, werden Sie einige unglaubliche Dinge erschaffen." (Bloomberg 2013)

Doch 2010 beschlossen die Führungskräfte von Nike, in etwas anderes zu investieren. Sie gründeten eine neue Geschäftseinheit namens Nike Digital Sport, um neue digitale Produkte zu entwickeln und sich ein neues Bild davon zu machen, wie Nike mit Kunden in allen seinen Bereichen zusammenarbeiten könnte.

Marketingspezialisten, Designer und Programmierer arbeiten gemeinsam an der Entwicklung und Markteinführung von Produkten unter dem Markenzeichen Nike+. Die Einheit hilft auch anderen Teilen von Nike bei der Entwicklung ihrer digitalen Bemühungen. Die „Innovationsküche" produziert neue Designs und Techniken, die vom Marketing bis zur Fertigung reichen.

Das Accelerator-Programm baut das digitale Ökosystem des Unternehmens auf. Analysten sammeln Unmengen von Daten, die aus den digitalen Produkten und Marketingaktivitäten von Nike gewonnen wurden, um den Kunden auf der ganzen Welt immer näher zu kommen. Laut dem globalen digitalen Marken- und Innovationsdirektor von Nike, „hat sich das Ziel seit dem Start von Nike nicht geändert – wir wollen uns mit Athleten verbinden, um sie zu inspirieren und zu befähigen, besser zu werden". Nike ist nicht mehr nur im Verkauf von Produkten tätig, sondern wird ein wesentlicher Bestandteil des Lebens seiner Kunden.

Wie weiter oben bereits beschrieben, verlangt dies Innovation allerdings auch ein framework an Regularien, wie ethisch und verantwortungsvoll mit diesen Daten zu verfahren ist.

Nikes Geschichte ist nicht einzigartig. Asian Paints ist mit einem Umsatz von 1,8 Milliarden Euro Indiens größter und Asiens drittgrößter Lackhersteller. Das Unternehmen war in der Lage, ein schnelles Wachstum von mehr als 15 Prozent pro Jahr über ein Jahrzehnt hinweg zu globalisieren und aufrechtzuerhalten, während es gleichzeitig die Effizienz steigerte, das Kundenerlebnis veränderte und die Umweltbelastung reduzierte.

Asian Paints hat sich einen digitalen Vorteil verschafft, der der indischen Milliardenwirtschaft dient und ist auf siebzehn Länder auf der ganzen Welt expandiert. All dies wäre nicht möglich gewesen ohne die aufeinander folgenden Wellen von digitalen Transformation in den letzten zehn Jahren. Laut CIO und Strategiechef Manish Choksi bestand eine Herausforderung des Unternehmens darin, „Effizienz und Wachstum in einem über 120 Standorte verteilten Unternehmen zu steigern, das sich direkt mit zwanzig- bis dreißigtausend Einzelhändlern beschäftigt". (Capgemini 2012:42-47)

Nach der ersten Vereinheitlichung des Unternehmens durch starke IT-Systeme für Fertigung, Auftragsabwicklung und Lieferketten stand das Unternehmen auf einer guten Basis für Wachstum. Damit war der Grundstein für eine Reihe von Transformationen gelegt.

Die Zentralisierung des routinemäßigen Kundenauftragseingangsprozesses in einem einzigen zentralen Call Center steigert die Effizienz und den Kundenservice.

Die Vertriebsmitarbeiter des Unternehmens wandelten sich dann von Klemmbrett tragenden Auftragsempfängern zu ständig vernetzten Kundenbetreuern.

Neue automatisierte Anlagen erzeugten eine höhere Produktqualität und Umweltverträglichkeit als arbeitsintensive Anlagen. Die Ausweitung auf Dienstleistungen – der Verkauf von bemalten Wänden anstelle von Farbdosen – brachte Vorteile, die über neue Einnahmen hinausgingen.

Die Bereitstellung des Service stellte sicher, dass High-End-Produkte richtig eingesetzt wurden, wodurch die Kundenzufriedenheit verbessert wurde und half dem Unternehmen den Endverbrauchern näher zu kommen, welche es für gewöhnlich nicht erreicht hätte. Wie die Website von Asian Paints bestätigt, wird sich der digitale Wandel auch in Zukunft fortsetzen: „Der Weg in die Zukunft ist die Integration all unserer Interessengruppen, einschließlich Lieferanten, Mitarbeiter und Kunden und die Schaffung eines erweiterten Unternehmens."

Nike und Asian Paints sind in sehr unterschiedlichen Branchen tätig. Die Unternehmen haben sehr unterschiedliche Produkte, Kunden und Geschichten. Aber sie haben etwas gemeinsam: die Art und Weise, wie sie digitale Technologien nutzen, um ihr Geschäft voranzutreiben. Als zwei Beispiele für digitale Experten nutzen Nike und Asian Paints digitale Technologien, um ihre Geschäftsabläufe zu verändern.

Digitale Experten nutzen die Technologie besser als ihre Mitbewerber und erzielen enorme Vorteile. Der Nutzen liegt nicht nur in den sichtbaren Kundeninteraktionen, sondern auch in den weniger sichtbaren internen Abläufen. Die Vorteile zeigen sich in den Finanzkennzahlen: Digitale Experten sind wesentlich profitabler als ihre Konkurrenten.

Aber was machen digitale Experten anders? Wie können Sie ein digitaler Experte werden? Nike und Asian Paints begannen nicht als digitale Experten. Sie bauten ihren digitalen Vorteil im Laufe der

Zeit aus. Und sie taten es über verschiedene Wege. Aber beide haben erkannt, was meine Forschung gezeigt hat: digitale Experten leisten mehr als nur Investitionen in digitale Fähigkeiten.

Sie schaffen die Führungsqualitäten, um das Beste aus ihren digitalen Aktivitäten herauszuholen.

Ich zeige Ihnen gerne, wie es geht.

Die DNA digitaler Experten

Ich begann meine Forschung mit einer einfachen, aber umfassenden Frage:

Wie nutzen große Unternehmen auf der ganzen Welt die sich schnell entwickelnden neuen digitalen Technologien in ihren Unternehmen?

Als ich mit meiner Forschung begann, hatte ich keine spezifischen Dimensionen oder Methoden im Sinn. Ich wusste nur, dass große Unternehmen weit mehr tun, als wir in den Medien hören.

Und ich war fasziniert von der Gegenüberstellung der Geschwindigkeiten zwischen den Industrien der Digitaltechnik und den langsameren, abwägenden Kulturen der Großunternehmen in vielen anderen Branchen.

Ich habe im Laufe der Monate gelernt, dass es das Beste ist darauf zu achten, wie Führungskräfte die Frage tatsächlich für sich selbst beantworten, wenn sie vor einer großen Frage stehen, die keine klaren Antworten hat. Also habe ich mit Führungskräften in großen Unternehmen in ganz Europa gesprochen, um zu verstehen, wie diese Führungskräfte über neue digitale Herausforderungen nachdenken und was sie mit neuen Technologien machen.

Ich stellte fest, dass die meisten Unternehmen bereits in Technologien wie soziale Medien, Mobilität, Analytik und eingebettete Geräte investieren. Aber einige – die Unternehmen, die ich digitale Experten nenne – machten weitaus bessere Fortschritte als andere.

Der Vergleich dieser Unternehmen mit dem Rest der Palette half mir dabei, Unterschiede in der Art und Weise zu identifizieren, wie die Experten ihre digitalen Aktivitäten konzipiert und verwaltet haben. Ich habe festgestellt, dass es nicht nur darum geht, in was sie investieren, sondern auch darum, wie sie den Wandel vorantreiben, der diese Unternehmen zu digitalen Experten macht.

Digitale Experten zeichnen sich in zwei kritischen Dimensionen aus: dem *Was* der Technologie (was ich als digitale Fähigkeiten bezeichne) und dem *Wie* des Veränderungsprozesses (was ich Führungsfähigkeiten nenne).

Dies sind zwei sehr unterschiedliche Dimensionen der digitalen Kompetenz und jede spielt ihre eigene Rolle.

Worin Sie investieren, ist bis zu einem gewissen Grad von Bedeutung. Wie Sie diese Investitionen zur Transformation Ihres Unternehmens einsetzen, ist ein Schlüssel zum Erfolg. Keine der beiden Dimensionen ist für sich allein genommen ausreichend. Jede ist mit verschiedenen Arten von finanzieller Leistung verbunden und jede bietet nur einen Teil des Vorteils. Zusammengenommen ergeben sie einen klaren Vorsprung für digitale Experten gegenüber ihren Mitbewerbern.

Digitale Fähigkeiten

Digitale Experten wissen, wo und wie man in die digitale Chance investiert. Die Größe der Investition ist nicht so wichtig wie der Grund und die Wirkung. Digitale Experten sehen in der Technologie eine Möglichkeit den Weg zu ändern. Sie betreiben Geschäfte anders – ihre Kundenbeziehungen, internen Abläufe und sogar Geschäftsmodelle.

Für diese Unternehmen sind neue Technologien wie soziale Medien, Mobilität und Analytik keine Ziele oder Signale, um ihre Kunden und Investoren zu erreichen. Diese Technologien sind Instrumente, um näher an die Kunden heranzukommen, ihre Mitarbeiter zu stärken und ihre internen Geschäftsprozesse zu verändern.

Aber es wird mehr als nur Technologie benötigt. Die Veränderungen, die durch intelligente, digitale Investitionen möglich sind, sind zwar beeindruckend, reichen aber nicht aus. Unternehmen, die in die richtigen Bereiche investieren, haben für jede Einheit ihrer vorhandenen physischen Kapazität (wie Menschen und Anlagen) einen höheren Umsatz als ihre Wettbewerber, aber sie sind nicht profitabler. Den wahren digitalen Vorteil zu erlangen, erfordert ebenfalls Führung.

FÜHRUNGSFÄHIGKEITEN

Für digitale Experten ist engagierte Führung mehr als nur ein Schlagwort. Es ist der Hebel, der die Technologie in Transformation verwandelt. Trotz des Ratschlags vieler Gurus, in Ihrem Unternehmen „tausend Blumen blühen zu lassen", habe ich keine Beispiele für eine erfolgreiche Transformation gesehen, die nach dem Bottom-up-Prinzip erfolgte. Stattdessen steuerten Führungskräfte die Transformation durch eine starke Top-Down-Führung: Sie gaben die Richtung vor, bauten Dynamik auf und sorgten dafür, dass das Unternehmen mitmacht.

Top-down-Führung bedeutet nicht, dass Sie die Transformation von Anfang an vollständig planen müssen. Das bedeutet auch nicht, dass Sie das Unternehmen einfach nur mit Energie versorgen und darauf warten können, dass große Dinge passieren. Unter den von mir untersuchten digitalen Experten schufen die Führungskräfte eine klare und umfassende

Zukunftsvision, starteten einige kritische Initiativen und motivierten dann ihre Mitarbeiter, um die Vision im Laufe der Zeit aufzubauen. Die Führungskräfte blieben während der gesamten Transformation involviert, um für Veränderungen einzutreten, den Wandel voranzutreiben und Aktivitäten und Verhaltensweisen, die der Vision zuwiderliefen, umzuleiten. Und sie suchten ständig nach Möglichkeiten, um die Vision zu erweitern und das Unternehmen auf die nächste Stufe des digitalen Vorteils zu führen. Wie Asian Paints, Nike und andere gelernt haben, eröffnet jeder Schritt auf dem Weg zur Transformation neue Möglichkeiten, um den digitalen Vorteil des Unternehmens zu nutzen und auszubauen.

Top-Down-Führung bedeutet starke Führung und Koordination. Es ist sehr schwierig sicherzustellen, dass alle Teile eines komplexen Unternehmens im richtigen Tempo in die richtige Richtung gehen.

Menschen in verschiedenen Einheiten tun oft ihre eigenen Dinge oder warten, bevor sie sich zu einer neuen Handlungsweise verpflichten.

Der wahre Vorteil liegt in der Verknüpfung verschiedener digitaler Aktivitäten und das kann nur geschehen, wenn sich die Menschen auf derselben Wellenlänge, dem gleichen Motivationslevel und einem ähnlichen Wissensstand befinden.

Nike baute Nike Digital Sport im Jahr 2010 auf, um Koordination, Innovation und einige gemeinsame Ressourcen für die vielen digitalen Aktivitäten des Unternehmens bereitzustellen.

Aus dem gleichen Grund hat das Kaffeekraftpaket Starbucks 2012 die Position des Chief Digital Officer geschaffen. Asian Paints erweiterte die Rolle des Chief Information Officer (CIO) auf die Bereiche Strategie und IT. Andere Unternehmen sind der Meinung, dass digitale Steuerungsgremien ausreichen. Die Rollen sind weniger wichtig als die Ergebnisse.

Alle digitalen Experten finden Wege, um eine klare Vision einer radikal veränderten Zukunft aufzubauen, ihre Mitarbeiter in das Ziel einzubeziehen, starke Bindungen zwischen technischen und kaufmännischen Mitarbeitern zu fördern und den Kurs durch starke Unternehmensführung zu steuern. Alle Mitarbeiter fühlen sich in den Visionsprozess involviert und verstehen „ständige Transformation" als eine zentrale Tätigkeitskomponente ihrer Arbeit.

Das exponentielle Wachstum

Vor einem Jahrzehnt existierten Smartphones (wie wir sie nach den heutigen Standards kennen) noch nicht. Drei Jahrzehnte zuvor besaß noch niemand einen Computer. Denken Sie darüber nach – die ersten PCs sind vor etwa 40 Jahren in Betrieb gegangen. Heute starrt fast jeder auf einen leuchtenden, mobilen Computer.

Computerchips sind immer leistungsfähiger geworden und kosten weniger. Denn in den letzten fünf Jahrzehnten hat sich die Anzahl der Transistoren – oder der winzigen elektrischen Komponenten, die grundlegende Funktionen ausführen – auf einem einzigen Chip regelmäßig verdoppelt.

Diese exponentielle Verdoppelung, bekannt als Moore's Law, ist der Grund, warum ein modernes Smartphone so viele schwindelerregende Fähigkeiten in einem so kleinen Paket preiswert vereinen kann.

Der technologische Fortschritt im Bereich der Computerchips ist bekannt – aber überraschenderweise ist es kein Sonderfall. Eine Reihe anderer Technologien zeigen ein ähnliches exponentielles Wachstum, unabhängig davon, ob Datenbits gespeichert oder DNA-Basenpaare erfasst wurden. Das Ergebnis ist dasselbe: Die Fähigkeiten sind in nur wenigen Jahrzehnten um Tausende, Millionen und Milliarden gestiegen und das bei geringeren Kosten.

Also, was ist los? Nach dem Gesetz des beschleunigenden Nutzens erhöht sich das Tempo des technologischen Fortschritts – insbesondere der Informationstechnologie – im Laufe der Zeit exponentiell, weil es eine gemeinsame Kraft gibt, die sie vorantreibt. Exponentiell zu sein, wie sich herausstellt, ist eine Frage der Evolution.

Die Technologie ist ein evolutionärer Prozess. Beginnen wir mit der Biologie, einem bekannten evolutionären Prozess.

Die Biologie verfeinert sozusagen natürliche „Technologien". In der DNA der Lebewesen befinden sich Blaupausen nützlicher Werkzeuge, die als Gene bekannt sind. Durch selektiven Druck – oder „Überleben des Stärkeren" – werden vorteilhafte Innovationen an die Nachkommen weitergegeben. Während dieser Prozess Generation für Generation über geologische Zeitskalen, chaotisch und doch schrittweise abläuft, findet ein unglaubliches Wachstum statt. Indem sie auf genetischem Fortschritt aufbauen und nicht von vorne anfangen, haben die Organismen mit der Zeit an Komplexität und Leistungsfähigkeit zugenommen. Diese Innovationskraft zeigt sich fast überall dort, wo wir heute auf der Erde sind.

Zu den vielen Innovationen der Biologie gehören unter anderem die Zellen, Knochen, Augen, Daumen und das Gehirn – und mit Hilfe der Daumen und Gehirne die Technologie. Die Technologie ist somit auch ein evolutionärer Prozess, wie die Biologie, nur dass sie sich noch viel schneller von einer Erfindung zur nächsten bewegt.

Zivilisationen kommen voran, indem sie die Ideen und Durchbrüche ihrer Vorgänger „neu ausrichten". Ebenso baut jede Technologiegeneration auf den Fortschritten früherer Generationen auf, was zu einem positiven Feedback-Kreislauf von Verbesserungen führt.

Die technologische Evolution beschleunigt sich exponentiell.

Da sich jede Generation von Technologien im Laufe der Zeit verbessert, beschleunigt sich die Geschwindigkeit des Fortschritts von Version zu Version.

Um das zu erkennen, stellen Sie sich vor, dass Sie einen Stuhl mit Handwerkzeugen, Elektrowerkzeugen und schließlich Fließbändern herstellen. Die Produktion wird nach jedem Schritt schneller. Stellen Sie sich nun vor, dass jede Generation dieser Werkzeuge auch dazu verwendet wird, bessere Werkzeuge zu entwerfen und zu bauen. Ein solcher Prozess spielt bei der Entwicklung immer schnellerer Computerchips mit der Software und den Computern des Ingenieurs eine Rolle.

Die ersten Computer wurden auf Papier entworfen und von Hand montiert. Heute werden sie an Computerarbeitsstationen entworfen, wobei die Computer selbst viele Details des Designs der nächsten Generation ausarbeiten und dann in vollautomatisierten Fabriken mit nur wenigen menschlichen Eingriffen produziert werden.

Diese Beschleunigung lässt sich am Nutzen der Technologie messen – wie Geschwindigkeit, Effizienz, Preis-Leistung und Gesamtleistung – die sich ebenfalls exponentiell verbessern.

Je effektiver eine Technologie wird, desto mehr Aufmerksamkeit erregt sie. Das Ergebnis ist eine Flut neuer Ressourcen – wie erhöhte Forschungs- und Entwicklungsbudgets, die Rekrutierung von Spitzenkräften usw. – die auf die weitere Verbesserung der Technologie ausgerichtet sind. Diese Welle neuer Ressourcen löst eine „zweite Ebene" des exponentiellen Wachstums aus, wobei sich auch die Rate des exponentiellen Wachstums (der Exponent) zu beschleunigen beginnt. Bestimmte Paradigmen (z.B. integrierte Schaltungen) werden jedoch nicht ewig exponentiell wachsen. Sie wachsen, bis sie ihr Potenzial ausgeschöpft haben, woraufhin ein neues Paradigma das alte ersetzt.

Wir werden im 21. Jahrhundert keinen 100-jährigen Fortschritt erleben – es werden eher vielleicht etwa 20.000 Jahre Fortschritt sein (bei der heutigen Geschwindigkeit). Dies deutet darauf hin, dass die Horizonte für erstaunlich leistungsstarke Technologien näher liegen könnten, als wir denken.

Wir befinden uns erst seit 18 Jahren im 21. Jahrhundert und der Fortschritt ist bis dato ziemlich verblüffend – die globale Verbreitung des Internets, der Smartphones, der immer agileren Roboter und der künstlichen Intelligenz. Wir haben das erste menschliche Genom im Jahr 2004 für Hunderte von Millionen Euro sequenziert. Mittlerweile können Maschinen 18.000 im Jahr für 1.000 Euro pro Genom sequenzieren.

Die vier Stufen der digitalen Kompetenz

Wenn digitale Experten wie Nike und Asian Paints Exzellenz sowohl in der digitalen als auch in der Führungsdimension repräsentieren, was ist dann mit anderen Unternehmen? Jede Dimension ist anders und jede ist aus verschiedenen Gründen wichtig. Die Zusammenführung der beiden Dimensionen ergibt vier Ebenen der digitalen Meisterschaft. Digitale Experten überzeugen in beiden Dimensionen, aber die meisten Unternehmen nicht. Einige Unternehmen sind stark in Bezug auf digitale Fähigkeiten, aber schwach in Bezug auf Führungsqualitäten. Bei anderen hingegen ist es umgekehrt. Andere wiederum sind in beiden Dimensionen schwach; sie haben die digitale Reise noch nicht wirklich und nachhaltig begonnen.

„Anfänger" stehen erst am Anfang der digitalen Reise. Viele von ihnen verfolgen eine „Abwartestrategie" und versuchen Sicherheit zu gewinnen, bevor sie handeln. Einige glauben, dass die digitale Chance für andere Branchen richtig ist, doch nicht für ihre eigene. Anderen fehlt die Führung, um etwas zu verwirklichen. Infolgedessen haben Anfänger nur grundlegende digitale Fähigkeiten. Zudem hinken sie ihren Konkurrenten bei einer Vielzahl von finanziellen Leistungsindikatoren hinterher.

Viele Anfänger benutzen Regulierung oder Privatsphäre als Entschuldigung für ihre Untätigkeit. In der Zwischenzeit warten die Wettbewerber nicht darauf zu handeln. Viele Versicherungsunternehmen haben die Einführung von Social Media wegen der regulatorischen Herausforderungen, die es ihren Vertretern ermöglichen, Blogs und Social Media Nachrichten zu nutzen, nur langsam vorangetrieben.

Jedoch haben viele Unternehmen einen sicheren Weg gefunden, ihre Vermittler auf

LinkedIn zu positionieren, damit die sie Beziehungen aufbauen und pflegen können. Ebenso sind viele medizinische und pharmazeutische Unternehmen wegen regulatorischer und datenschutzrechtlicher Bedenken bei der Nutzung sozialer Medien vorsichtig.

Es gibt jedoch ein Unternehmen im Bereich Medizingeräte, das soziale Medien einsetzte, um medizinische Anbieter über einen grundlegenden Wandel ihres neuen Geräts zu informieren – und zwar viel schneller, als es herkömmliche Medien hätten tun können.

„Pioniere" warten nicht darauf zu handeln. Sie kaufen jede neue digitale Spielerei. Sie zeigen zwar ihre technologische Schicklichkeit, ändern aber nicht, was hinter der Fassade steckt. Da es ihnen jedoch an starker digitaler Führung und Steuerung mangelt, verschwenden sie viel von dem, was sie ausgeben. Oder sie stellen fest, dass sie das, was sie getan haben, umkehren müssen, damit sie ihre Fähigkeiten integrieren und skalieren können.

Ein Unternehmen, das ich untersucht habe, hat Plattformen für die Zusammenarbeit von Mitarbeitern in verschiedenen Bereichen des Unternehmens mit unterschiedlichen (und inkompatiblen) Technologien entwickelt. Eigentlich unfassbar: Mitarbeiter konnten innerhalb ihrer Arbeitsräume zusammenarbeiten, jedoch kein Wissen im gesamten Unternehmen teilen.

Ein anderes Unternehmen hatte drei Mobile Marketing Initiativen in verschiedenen Teilen des Unternehmens, die sich überschneidende Märkte adressierten. Die mobilen Lösungen verwendeten verschiedene Anbieter und verschiedene Technologiesätze, sodass sie nicht aufeinander aufbauen konnten.

Obwohl es nicht falsch ist zu experimentieren um die beste Lösung zu finden, verfügte keiner dieser Pioniere über Mechanismen, um seine Aktivitäten zu koordinieren oder Synergien zwischen den Investitionen aufzubauen. Der Aufbau einer Vielzahl von inkompatiblen Prozessen und Systemen mag wie ein Fortschritt erscheinen, schränkt aber größere Möglichkeiten ein. Diese Inkompatibilität erschwert eine koordinierte Herangehensweise an die Kundenbindung und eine einheitliche Sicht auf die Abläufe.

„Konservative" haben ein Fähigkeitsprofil, das das Gegenteil von Modenschöpfern ist. Obwohl die Konservativen über nützliche digitale Führungsqualitäten verfügen, hindert die übertriebene Vorsicht diese Unternehmen daran, starke digitale Fähigkeiten aufzubauen. Die Unternehmen, die sich nicht mit Technologiemode beschäftigen, konzentrieren sich darauf sicherzustellen, dass jede digitale Investition sorgfältig durchdacht und stark koordiniert ist.

Führungskräfte in diesen Unternehmen wollen keine Fehler machen, die ihre knappe Zeit, Mühe und Geld verschwenden würden oder ihnen vorgeworfen werden könnten. Diese Vorsicht kann vor allem in stark regulierten Branchen wie dem Gesundheitswesen und den Finanzdienstleistungen nützlich sein. Aber es kann auch eine Führungsfalle schaffen, die sich mehr auf Kontrollen und Regeln konzentriert als auf Fortschritte.

Es verhindert auch, dass sich die Mitarbeiter involviert fühlen und erzeugt eine Atmosphäre der Passivität und Fehlervermeidungsstrategien.

Wenn sich die Konservativen auf Kontrolle und Gewissheit konzentrieren, fällt es ihnen schwer, das Top-Management und den Rest des Unternehmens zu mobilisieren, um den höheren Gewinn zu sehen, den die digitale Transformation bringen kann. Bei dem Versuch Misserfolge zu verhindern, kommen diese Unternehmen überhaupt nicht weit.

Gerade dies ist aktuell die häufigste Form des Umgangs mit der Digitalisierung.

DIGITALE LEISTUNGSFÄHIGKEIT UND UMSATZGENERIERUNG

Unternehmen mit stärkeren digitalen Fähigkeiten können den Umsatz mit ihren materiellen Vermögenswerten besser steigern. Pioniere und digitale Experten übertreffen die durchschnittliche Branchenperformance um 6 bzw. 9 Prozent.

Die Maßnahmen umfassen den Umsatz pro Mitarbeiter und den Kapitalumschlag.

Unterdessen liegen Anfänger und Konservative, die beide in ihren digitalen Fähigkeiten zurückbleiben, um 4 bzw. 10 Prozent hinter ihren Branchenkonkurrenten.

Diese Unterschiede zwischen starken und schwachen digitalen Fähigkeiten sind sinnvoll; digitale Aktivitäten können die

Reichweite physischer Aktivitäten verbessern und erweitern.

Mit dem E-Commerce haben große und kleine Unternehmen nun Zugang zu einem globalen Marktplatz für ihre Waren und Dienstleistungen. Das digitale Geschäft kann Unternehmen helfen, mehr Volumen mit einer Einheit vorhandener physischer Kapazität zu bewältigen. Des Weiteren können digitale Funktionen Unternehmen bei der Umsatzsteigerung unterstützen, indem sie neue Kunden ansprechen oder bestehende Kunden auf neue Weise ansprechen.

Die Fähigkeit von Nike, durch Social Media Begeisterung zu erzeugen oder die Nutzung von Call Centern und mobilen Geräten von Asian Paints, um seine Vertriebsmitarbeiter zu nutzen, hilft diesen Unternehmen dabei ihre Umsätze zu steigern, ohne in mehr Mitarbeiter oder Einrichtungen zu investieren.

Die Differenz zwischen den Einnahmen ist beträchtlich. So erzielen Pioniere – stark im Bereich der digitalen Investitionen, aber nicht im Bereich der Führung – 16 Prozent mehr Umsatz pro Einheit menschlicher und physischer Vermögenswerte als Konservative und 10 Prozent mehr als Anfänger. Da die Konservativen im Hinblick auf digitale Investitionen schwach sind, haben sie einen geringeren Einfluss auf die Einnahmen, zeichnen sich aber in anderer Hinsicht aus.

Die Zukunft ist heute

Führungsfähigkeit und Profitabilität

In der anderen Dimension sind Unternehmen, die sich durch Führungsqualitäten auszeichnen, deutlich profitabler als ihre Mitbewerber. Im Durchschnitt sind die Konservativen und die digitalen Experten 9 bzw. 26 Prozent profitabler als ihre durchschnittlichen Branchenkonkurrenten, durch einen Maßnahmenkatalog, der unter anderem die EBIT (Gewinn vor Zinsen und Steuern) und Reingewinnmarge umfasst. Unterdessen liegen Anfänger und Pioniere mit ihren schwächeren Führungsqualitäten bei diesen Rentabilitätskennzahlen um 10 bzw. 22 Prozent hinter ihren durchschnittlichen Konkurrenten. Für Unternehmen, die sich durch Führungsqualitäten auszeichnen, helfen eine starke Vision und eine disziplinierte Unternehmensführung, um die digitalen Investitionen in eine gemeinsame Richtung zu lenken.

Diese Unternehmen haben Aktivitäten ausgemerzt, die der Zukunftsvision des umgewandelten Unternehmens zuwiderlaufen. Sie skalieren unternehmensweit erfolgreiche Investitionen. Zudem engagieren sie ihre Mitarbeiter, um wertvolle neue Möglichkeiten zu identifizieren.Asian Paints baute auf Effizienzsteigerungen auf, die es durch starke Führungs- und IT-Geschäftsbeziehungen erreicht hat, um neue digitale Funktionen einzuführen, die das Unternehmen in die Kategorie digitale Experten einführten. Die digitale Einheit von Nike entwickelt digitale Produkte und Fähigkeiten, unterstützt andere Einheiten und verwaltet digitale Aktivitäten, die sich über organisatorische Bereiche erstrecken. Jedes Unternehmen stellte fest, dass eine starke digitale Führung Effizienz und Skalierbarkeit in seinen digitalen Bemühungen schafft.

Der Leistungsvorteil digitaler Experten

Unternehmen, die sich in beiden Dimensionen auszeichnen, übertreffen ihre Wettbewerber auf spezifische und unterschiedliche Weise. Digitale Experten – Unternehmen, die in beiden Dimensionen überzeugen – schneiden weit besser ab als die anderen. Im Durchschnitt sind digitale Experten 26 Prozent profitabler als ihre Branchenkonkurrenten. Sie generieren 9 Prozent mehr Umsatz mit ihren Mitarbeitern und Sachanlagen.

Für die großen, traditionellen Unternehmen, die ich untersucht habe – mit einem Umsatz von 450 Millionen Euro oder mehr – kann der Unterschied im Ergebnis viele Millionen Euro betragen. Digitale Experten kombinieren digitale Fähigkeiten und Führungsqualitäten, um eine Leistung zu erzielen, die größer ist, als jede Dimension allein erbringen kann. Starke digitale Fähigkeiten machen neue digitale Initiativen einfacher und weniger risikoreich, während sie gleichzeitig einen Umsatzbeitrag leisten, der neue Mittel generieren kann.

Eine starke Führung schafft Synergien, die Geld für Investitionen freisetzen und gleichzeitig die Mitarbeiter motivieren, neue Chancen zu erkennen. Zusammen bilden die beiden Fähigkeiten einen wertvollen Zyklus von immer größer werdenden digitalen Vorteilen.

Wichtig dabei:

Meine Analyse zeigt Korrelationen, keine Kausalität. Die Exzellenz in digitalen Fähigkeiten und Führungsqualitäten kann zu einer höheren finanziellen Leistung des Unternehmens führen. Auf der anderen Seite sehen wir vielleicht, dass Unternehmen, die ihre Konkurrenten finanziell übertreffen, dazu neigen, sich in den beiden Dimensionen der digitalen

Kompetenz zu behaupten.

Die Richtung der Kausalität ist aus wissenschaftlicher Sicht wichtig. Aber aus Sicht des Managements führt jede der beiden Richtungen der Kausalität zu demselben Rat. Sagen wir es also folgendermaßen: Die am besten geführten Unternehmen der Welt – solche, die sowohl bei der Umsatzgenerierung als auch bei der Rentabilität deutlich besser abschneiden als ihre Konkurrenten – neigen dazu, ihre digitalen Aktivitäten auf eine gemeinsame Weise zu handhaben.

Sie entwickeln sowohl digitale Fähigkeiten als auch Führungsqualitäten, die besser sind als bei anderen Unternehmen. Wenn die bestgeführten Unternehmen der Welt auf diese Weise digital arbeiten, dann ist es sinnvoll, dass Sie Ihre digitalen Aktivitäten auch auf diese Weise handhaben.

DIE ZUKUNFT IST HEUTE

Haben Sie Zeit zu warten?

Der digitale Wandel vollzieht sich in einigen Branchen viel schneller als in anderen. Wenn Sie in der Reise- oder Verlagsbranche tätig sind, haben Sie es seit Jahren mit digitalen Wettbewerbern und digitalen Verkäufen zu tun. Aber was ist, wenn Sie in einer Branche wie der Pharma- oder Versorgungsbranche tätig sind, in der starke digitale Bedrohungen noch nicht eingetreten sind? Können Sie es sich leisten zu warten?

Viele Unternehmen der Hightech-Branche sind bereits digitale Experten, während die digitale Kompetenz in der Pharmaindustrie weitaus geringer ist. Andere Branchen, wie Telekommunikation oder Konsumgüter, stehen an der Schwelle zur digitalen Kompetenz, benötigen aber mehr digitale Expertise (Führungsstärke und Digital-Wissen) um dorthin zu gelangen.

Wenn Ihr Unternehmen hinter der durchschnittlichen digitalen Kompetenz Ihrer Branche zurückbleibt, dann müssen Sie schnell handeln. Aber was ist, wenn Sie in Ihrer Branche nicht im Rückstand sind? Wenn Sie eine Führungskraft in einer „Anfängerbranche" sind, wie zum Beispiel Konsumgüter, Arzneimittel oder Fertigung, sind Sie vielleicht versucht zu glauben, dass Sie warten können.

Warum also die Kosten und den Aufwand investieren, um zu einem digitalen Experten zu werden, wenn die gesamte Branche hinterherhinkt?

Diese Art des Denkens ist vernünftig. Und sie ist falsch. Sie denken vielleicht, dass Sie die Möglichkeit haben, sich einen digitalen Vorteil zu verschaffen, bevor es jemand anderes tut, wenn Ihre Branche noch nicht im Bereich der digitalen Kompetenz liegt. Eine derartige Denkweise ist zwar etwas präziser, aber immer noch falsch.

Sie denken vielleicht sogar, dass Sie Ihre Konkurrenten beobachten und ein schneller Nachfolger sein können. Auch diese Einstellung ist nicht ganz richtig. Es ist zu spät, um ihren Mitbewerbern zuvorzukommen. Zudem können Sie kein schneller Nachfolger der digitalen Kompetenz sein, wenn Sie nicht bereits dort sind.

Wenn Sie kein digitaler Experte sind, gibt es schlechte Nachrichten. In den meisten Branchen sind mehr als ein Viertel aller Großunternehmen bereits digitale Experten. Noch wichtiger ist Folgendes: In jeder Branche gibt es bereits mindestens einen digitalen Experten. Mit anderen Worten, in jeder Branche – von der Pharmaindustrie über die Fertigung bis hin zu Hightech – profitieren einige Unternehmen bereits von den Vorteilen des digitalen Vorsprungs.

Jedes andere Unternehmen steht im Rückstand. Diese Situation sollte ein Weckruf sein. Denken Sie darüber nach. Auch wenn es nur drei oder vier Jahre dauert, bis Sie zu einem digitalen Experten werden, genießen einige Unternehmen Ihrer Branche bereits einen digitalen Vorteil. Noch schlimmer ist, dass die Experten die bereits vorhandenen Fähigkeiten nutzen können, während Sie erst anfangen die benötigten Fähigkeiten aufzubauen.

Diese Unternehmen können Sie überholen und beschleunigen, auch wenn Sie versuchen aufzuholen.

Wie Sie jetzt anfangen können

Die digitale Kompetenz ist entscheidend. Sie ist in jeder Branche wichtig. Ich habe festgestellt, dass die DNA der digitalen Experten klar ist und dass jedes Unternehmen sie übernehmen kann. Aber es braucht Zeit, um zum digitalen Experten zu werden und Zeit ist für viele Unternehmen ein schnell schwindendes Gut. Wie werden Sie zum digitalen Experten? Die Unternehmen gehen verschiedene Wege, um dorthin zu gelangen.

Nike war ein Pionier, bevor es zum digitalen Experten wurde. Zunächst wurden digitale Fähigkeiten in abgetrennten Bereichen entwickelt.

Anschließend wurden durch die Einheit Nike Digital Sport neue Führungsqualitäten hinzugefügt, um die Bereiche zu verbinden und neue digitale Fähigkeiten einzuführen.

Asian Paints ging den anderen Weg; es war eher konservativ, bevor es zum digitalen Experten wurde. Die Führungskräfte von Asian Paints schufen die Vision ein einheitlicheres Unternehmen zu werden und bauten dann Führungs- und IT-Fähigkeiten auf, um dorthin vorzudringen. Dann bauten sie immer wieder auf die Fähigkeiten des Unternehmens, die Kundenbindung, interne Abläufe und Geschäftsmodelle zu transformieren. Sowohl Asian Paints als auch Nike profitieren von ihrer digitalen Kompetenz.

Obwohl es weniger verbreitet ist, haben einige Unternehmen den Sprung vom Anfänger zum digitalen Experten geschafft. Sie hielten zwischendurch nicht an. Und obwohl ein direkter Sprung schwierig und riskant ist, ist er manchmal der einzige Weg nach vorne.

Dies gilt insbesondere, wenn Sie sich in einer Krisensituation befinden – eine „brennende Plattform" wie in den Bereichen

Medien, Unterhaltung oder Informationsdienste; in dem Fall kann der direkte Sprung der beste Ausweg sein. Nehmen Sie sich eine Minute Zeit, um darüber nachzudenken. In welche Kategorie gehört Ihr Unternehmen? Entscheiden Sie selbst und fragen Sie dann einige Kollegen.

Schaffen Ihre digitalen Bemühungen einen echten Wandel in Ihrem Unternehmen oder sind es nur Lappalien? Sind Sie zu vorsichtig und verpassen damit die digitale Chance?

Wenn Ihr Unternehmen ein Pionier ist, sollten Sie beginnen, Führungsqualitäten aufzubauen und Synergien zwischen Ihren digitalen Aktivitäten zu nutzen. Finden Sie eine einheitliche Vision und investieren Sie in die Steuerung, um sich unternehmensweit zu koordinieren. Sie können einen Chief Digital Officer einstellen, wie es Starbucks getan hat oder eine digitale Einheit erstellen, wie es Nike getan hat. Der Wechsel vom Pionier zum digitalen Experten kann einige Investitionen erfordern, wenn Sie heterogene digitale Initiativen und Technologien in ein einheitliches und stimmiges digitales Programm umformen.

Diese Art der Neuausrichtung und Überarbeitung, so schmerzhaft sie auch kurzfristig sein mag, wird sich später in Form von niedrigeren Kosten, geringerem Risiko und höherer Agilität auszahlen.

Wenn Ihr Unternehmen konservativ ist, können Sie Ihre Stärken in der digitalen Führung nutzen, um neue digitale Fähigkeiten auf intelligente Weise aufzubauen. Dazu werden Sie externe Experten benötigen – scheuen Sie sich nicht, nach vorne zu gehen! Jedes Unternehmen hat Bereiche, in denen Führungskräfte wissen, dass sie sich verbessern können, sei es während der Interaktion mit dem Kunden oder im internen Betrieb. Versuchen Sie einige Experimente, um diese Probleme zu lösen. Skalieren Sie dann die erfolgreichen Tests auf Unternehmensebene. Genau wie die Führungskräfte von Asian Paints können Sie ständig darüber nachdenken, wie Sie Ihre digitale Vision erweitern können. Was können Sie noch mit Ihren neuen digitalen Möglichkeiten machen? Binden Sie Ihre Mitarbeiter durch Meetings oder Innovationswettbewerbe ein, um neue digitale Möglichkeiten zu identifizieren.

Implementieren Sie anschließend.

Wenn Ihr Unternehmen noch als „Anfänger" bezeichnet werden kann, können Sie einige Experimente durchführen, um das digitale Terrain zu ertasten – entweder bei Kunden oder in Ihrem internen Betrieb. Erstellen Sie dann eine Vision Ihrer digitalen Zukunft und beginnen Sie, die Fähigkeiten zu erschaffen, um sie nachhaltig zu verwirklichen. Oft ist es am besten, mit der Fähigkeit zu beginnen, die für Ihr Unternehmen am natürlichsten ist. Dann können Sie sich in die anspruchsvollere Richtung bewegen, sobald Sie bereit sind.

Versicherer und Banken könnten ihre konservative Kultur nutzen, um zunächst engagierte Führungsqualitäten aufzubauen und dann ihre digitalen Investitionen auszubauen.

Schnelllebige, kundenorientierte Branchen wie Mode oder Medien könnten damit beginnen, neue digitale Fähigkeiten zu entwickeln und dann starke Führungsqualitäten aufzubauen.

Die Zukunft ist heute

DAS ERSCHAFFEN EINES ÜBERZEUGENDEN KUNDENERLEBNISSES

Die Transformation des Kundenerlebnisses ist das Herzstück der digitalen Transformation. Digitale Technologien verändern das Spielfeld der Kundeninteraktion mit neuen Regeln und Möglichkeiten, die vor wenigen Jahren noch unvorstellbar waren.

Möchten Sie endlich die Stimme Ihrer Kunden hören und sich aus der engen Perspektive von Umfragen und Fokusgruppen befreien?

Soziale Medien ermöglichen es Ihnen.

Möchten Sie, dass Ihre Kunden ihr Interesse für Ihre Marke auch unterwegs fortsetzen?

Mobile Computing macht es möglich.

Möchten Sie wissen, wo sich Ihre Kunden physisch befinden?

Die Geolokalisierung ermöglicht es Ihnen.

Möchten Sie bessere Vorhersagen treffen, um ein wirklich personalisiertes Erlebnis zu liefern?

Mit der Kundenanalyse (Customer Analytics) sind Sie dazu in der Lage.

Für digitale Experten sind diese neuen Technologien keine Ziele, die erreicht werden oder Signale, die an Investoren gesendet werden sollen. Stattdessen sind die Technologien Instrumente, die kombiniert werden können, um näher am Kunden zu sein.

Digitale Kompetenz geht weit über Websites und mobile Apps hinaus, um das Kundenerlebnis und die Art und Weise, wie Sie Kunden mühelos dadurch leiten, wirklich zu verändern. Richtig umgesetzt, schafft ein ansprechendes Kundenerlebnis einen Mehrwert für Kunden und

Unternehmen. Es fördert die Kundenbindung und Kundentreue. Doch die Bereitstellung eines differenzierten Kundenerlebnisses in großen Unternehmen ist eine komplexe Aufgabe.

Warum?

Erstens sind die Kundenerwartungen deutlich gestiegen; von den Führungskräften, die ich zu Beginn meiner Studie befragt habe, haben 70 Prozent die ständig steigende Flut von Kundenerwartungen als wesentlichen Antriebsfaktor für Veränderungen hervorgehoben.

Zweitens kann die Integration neuer digitaler Kanäle in bestehende Abläufe eine organisatorische Herausforderung darstellen.

Drittens zwingen diese digitalen Interaktionen zu einer kulturellen Entwicklung – neue Taktgeschwindigkeit, neue Entscheidungsmethoden, neue Regeln – die der Art und Weise, wie große traditionelle Unternehmen Kundenbeziehungen gepflegt haben, zuwiderlaufen können.

Wie die Anfänger oder Konservativen aus meiner Betrachtung, können Sie also hier und da nur wenige Experimente durchführen. Oder Sie können, wie die Pioniere, in jedes neue glänzende Objekt investieren, das es gibt. Sie würden jedoch den großen Gewinn verpassen. Trotz der Herausforderungen stehen den Unternehmen, die überzeugende Kundenerlebnisse schaffen, enorme Vorteile zur Verfügung.

Als Angela Ahrendts 2006 das Ruder bei Burberry übernahm, lag das Umsatzwachstum des Unternehmens deutlich hinter seinen Konkurrenten. Während der gesamte Branchendurchschnitt mit rund 12 bis 13 Prozent pro Jahr wuchs, betrug das Wachstum von Burberry nur 1 bis 2 Prozent. Das Unternehmen hielt nicht mit der rasanten Entwicklung auf dem Luxusgütermarkt Schritt – weder in Bezug auf Innovation noch auf Produkte und Dienstleistungen.

Burberry stand im harten Wettbewerb mit viel größeren französischen und italienischen Wettbewerbern, die jeweils mehrere Marken und ein Vielfaches an

Umsatz und Gewinn des Unternehmens aufwiesen. Es musste etwas getan werden, um diesen Trend umzukehren. Das Managementteam von Burberry stellte sich zunächst eine grundlegende Frage: „Was ist unsere Vision?" Von dort aus begannen die Teammitglieder mit der Entwicklung eines fünfjährigen Strategieprozesses, der sich mit den einzigartigen Vermögenswerten und der strategischen Ausrichtung von Burberry beschäftigte.

Diese letzte strategische Entscheidung erwies sich als entscheidend für Burberrys digitale Reise. Das Unternehmen entschied sich, seine Marketingausgaben auf Millennial-Konsumenten zu konzentrieren, welche zwischen 1980 und 2000 geboren wurden. Sie haben sich auf die Schwellenländer konzentriert, wo der durchschnittliche wohlhabende Kunde typischerweise fünfzehn Jahre jünger ist als auf den traditionellen Märkten.

Um sich mit diesem Teil der Bevölkerung zu verbinden und effektiv zu kommunizieren, musste Burberry die Muttersprache der Millennials verwenden: digital.

Zu diesem Zeitpunkt wurde die digitale Vision Realität, sodass die digitale Transformation für Burberry begann.

Ahrendts stellte fest, dass es eine reine, globale Markenvision geben muss, um erfolgreich zu sein. Christopher Bailey, der digital versierte Chief Creative Officer, wurde zum „Markenzar", was bedeutet, dass alles, was der Kunde sieht, durch sein Büro läuft. In der Zusammenarbeit zwischen Ahrendts und Bailey wurde diese Vision intern kommuniziert.

Mit einem Spitzenteam, das auf diese neue Vision ausgerichtet wurde, beschlossen Ahrendts und Bailey, sich auf digitales Marketing zu konzentrieren, um ihre Kunden anzusprechen. Sie stellten ein junges, dynamisches Marketing-Team ein, dessen Mitglieder den Millennial-Kunden widerspiegelten. Das Unternehmen hat einen erheblichen Teil seines jährlichen Marketingbudgets auf digitale Medien aufgeteilt und sich damit von den traditionellen Medien entfernt. Das Unternehmen hat sich im digitalen Marketing bewährt und mehrere erfolgreiche und innovative Initiativen gestartet: die Umgestaltung von Burberry.com in elf

Sprachen; die Einführung eines Parfums mit innovativen Facebook-Proben; die Entwicklung von Tweetwalk, Live-Stream-Modenshows in Zusammenarbeit mit Twitter; die Zusammenarbeit mit Google bei der Entwicklung von Burberry Kisses, mit denen Benutzer ihren „Kuss" erfassen und an jeden auf der Welt senden können; und die Partnerschaft mit der chinesischen Social-Media-Plattform WeChat während der Laufsteg-Show im Herbst/Winter 2014 zur Einführung einer Reihe von Erlebnissen mit mobilen Inhalten.

Basierend auf einer eng vernetzten, kreativen Denkkultur nutzte das Unternehmen digitale Technologien, um die Begeisterung für wichtige Markenmomente mit seinen weltweiten Kunden zu teilen.

Gleichzeitig hielten die Einzelhandelsinvestitionen von Burberry Schritt und eröffneten zwanzig bis dreißig neue Geschäfte pro Jahr. Wie könnte das Unternehmen digitale Innovationen nutzen, um seine Kunden sowohl in seinen physischen Immobilien als auch online nahtlos zu binden? Hier kam das Burberry Einzelhandelstheater-Konzept ins Spiel.

Burberry fing an mit Technologieunternehmen zusammenzuarbeiten, um das Konzept des „Einzelhandelstheaters" zu verwirklichen, damit die Inhalte weltweit in den Filialen ausgestrahlt werden konnten.

Es wurden Technologien eingesetzt, um die Marke in den Geschäften zum Leben zu erwecken: von der Musik über den reichen Videoinhalt auf riesigen internen und externen Bildschirmen, bis hin zu den iPads aller Vertriebspartner, die den Zugang zur gesamten globalen Kollektion ermöglichten – unabhängig davon, was im Geschäft erhältlich war. Zudem wurden Kunden eingeladen, um die Laufstegshows live im Geschäft zu sehen. Anschließend konnten sie die Kollektion unmittelbar danach auf dem iPad bestellen. Auf diese Weise wurden die Filialen entwickelt, um die digitalen Innovationen zu präsentieren.

Vor dieser Welle digitaler Innovationen hatte Burberry mehrere Jahre lang eine Backbone-Unternehmensplattform implementiert, um seine Systeme zu stärken und seine globalen Abläufe transparent zu gestalten. Für das Unternehmen war es entscheidend, eine einheitliche Sicht auf den Kunden zu haben, um das Erlebnis über alle Kanäle, Medien und Plattformen hinweg zu verbessern.

Wäre das nicht umgesetzt worden, wäre ein Großteil der Front-End Digitalinnovation nicht möglich gewesen. Das Unternehmen investierte auch viel in den Kundenservice, nicht nur durch die Schulung von Verkäufern in den Filialen, sondern auch auf seiner Website, wo die Kunden an 365 Tagen im Jahr, rund um die Uhr und in vierzehn Sprachen telefonieren oder mit Kundendienstmitarbeitern chatten können.

Burberrys nächste Herausforderung war die Analytik. Das Unternehmen setzte auf neue Kommunikations- und Analysetools. So wurde ein Chief Customer Officer ernannt, der die Erkenntnisse aus allen physischen und digitalen Interaktionen optimiert.

Es wurde ein „Customer 360"-Programm gestartet – ein datengesteuertes Einkaufserlebnis, das die Kunden einlädt, ihre Kaufgeschichten, Einkaufstendenzen und Modevorlieben digital zu teilen, damit Burberry das Erlebnis profilieren und personalisieren kann. Dies geschah, während Mitbewerber unter „Customer 360" noch verstehen, dass ein CRM-Programm („Kundenverwaltungsprogramm) den letzten Kundenkontakt und die Adresse des Kunden abbildet...

Einzelhandelsassistenten können über Tablets auf die digitalen Profile der Kunden zugreifen, um beispielsweise herauszufinden, was ein brasilianischer Kunde zuletzt bei einem Zwischenstopp in Paris gekauft und was er über Burberry auf Twitter geschrieben hat.

Heute wird die Burberry-Marke von mehr Menschen digital gesehen als über jedes andere Medium. Im Luxusbereich kaufen 60 Prozent der Menschen online ein und holen in einem Geschäft ab. In den Jahren 2013-2014 wurde Burberry von der Denkfabrik „L2" zum zweiten Mal in Folge zur Modemarke mit dem höchsten „digitalen IQ" ernannt und zum zweiten Mal in Folge in die Liste der zehn innovativsten Einzelhandelsunternehmen weltweit aufgenommen und zum fünften Mal in Folge von Interbrand zu einer der besten globalen Marken gewählt.

WAS MACHEN DIGITALE EXPERTEN ANDERS?

Burberry ist ein hervorragendes Beispiel für ein Unternehmen, das die Grenzen zwischen seinen digitalen und physischen Kundenerfahrungen auflöst. Es handelt sich nicht um einen Einzelfall. Meine Forschung zeigt, dass digitale Experten ihre Kundenerfahrungen durch die Summe von vier verwandten Interventionen transformieren.

Zusammengenommen verändern diese Maßnahmen die Kundenwertgleichung grundlegend.

Erstens verbringen digitale Experten Zeit damit, das Kundenverhalten zu verstehen und das Kundenerlebnis von außen nach innen zu gestalten.

Ein digitaler Experte ermittelt, was Kunden tun und wieso, wo und wie sie es tun.

Das Unternehmen erarbeitet dann, wo und wie das Erlebnis kanalübergreifend digital verbessert werden kann. Zweitens nutzen digitale Experten digitale Technologien, um die Reichweite und die Interaktionen durch intelligente Investitionen in neuen digitalen Kanälen zu erhöhen. Sie bieten benutzerfreundliche, mobile Apps, entwickeln lohnenswerte Social Media-Erlebnisse und balancieren ihre Marketingausgaben neu aus, um das Engagement zu verstärken.

Drittens stellen sie die Kundendaten in den Mittelpunkt des gesamten Kundenerlebnisses. Sie werden wissenschaftlicher, indem sie Metriken und Analysen verwenden, um den Wandel zu dokumentieren – alles vom Verständnis der aktuellen Nutzung ihrer Produkte und Dienstleistungen über die Segmentierung des Kundenstamms bis hin zum proaktiven Anbieten personalisierter Angebote und dem Design vorausschauender

Marketingkampagnen.

Schließlich arbeiten digitale Experten daran, die physischen und digitalen Erlebnisse nahtlos zu verzahnen, nicht indem sie die alten durch die neuen ersetzen, sondern indem sie digitale Technologien einsetzen, um das Kundenerlebnis zu verbessern, indem sie wertvolle vorhandene Ressourcen nutzen.

Die Zukunft ist heute

AUFBAU VON REICHWEITE UND KUNDENENGAGEMENT

Die digitale Transformation kann nicht ohne digitale Investitionen erfolgen. Digitale Experten tätigen intelligente digitale Investitionen, um das Kundenerlebnis kreativ zu verbessern. Die Größe der Investition ist nicht wichtig, dafür aber die Auswirkungen. Für diese Unternehmen sind neue Technologien wie soziale Medien, Mobilität und Analytik nur Instrumente, um ihren Kunden näher zu kommen.

Seit der Eröffnung des ersten Standorts in Seattle im Jahr 1971 hat sich Starbucks zu einer der weltweit bekanntesten Marken entwickelt. Starbucks hat ein Multi-Milliarden-Dollar-Unternehmen mit mehr als nur Kaffee aufgebaut; dem Unternehmen ist es gelungen, ein einzigartiges „Starbucks-Erlebnis" in seinen Geschäften und online zu schaffen. Doch Starbucks war nicht immer ein digitaler Experte.

Nach einer schnellen Expansion musste Starbucks 2008 einen Rückgang der flächenbereinigten Umsätze hinnehmen. Der Aktienkurs wurde in den vorangegangenen zwei Jahren um fast die Hälfte gesenkt. Technologisch war das Bild nicht viel besser. Unintuitive Point-of-Sale-Systeme wurden immer noch mit veralteter Technologie betrieben und die Filialleiter hatten keinen Zugriff auf E-Mails.

Um die Wende herbeizuführen, haben die Führungskräfte unter der Leitung von CEO Howard Schultz eine Reihe strategischer Maßnahmen ergriffen, darunter die Nutzung digitaler Technologien, um Kunden auf neue Weise zu begeistern. Das Unternehmen entschied sich, den Weg mit mobilen und sozialen Kanälen zu gehen.

er erste Schritt von Starbucks ins Mobilgeschäft war die 2009 veröffentlichte myStarbucks-App des Unternehmens, mit der Kunden das nächstgelegene Geschäft finden, mehr über die Kaffees des Unternehmens erfahren und sogar ihre eigenen Getränke herstellen konnten. Im Januar 2011 hat Starbucks sein Treueprogramm mit der Einführung seiner Starbucks Card Mobile App digitalisiert. Diese App ermöglichte es Starbucks-Kunden, für Einkäufe im Geschäft mit dem Handy zu bezahlen.

App-Nutzer konnten eine Bildschirmversion ihrer Prepaid-Treuekarte präsentieren und ihr Geld online, auf ihren Smartphones oder in Geschäften aufladen. Dieser Ansatz lässt sich problemlos in die bestehende Point-of-Sale-Technologie integrieren, die bereits für das Lesen von Barcodes eingerichtet wurde. Seit seinem Start war das Programm äußerst erfolgreich: 20 Prozent aller Kundenkartentransaktionen wurden 2012 über das Mobiltelefon abgewickelt.

Starbucks hält mit den Fortschritten im Bereich der mobilen Technologien Schritt und hat seine Möglichkeiten für mobile Zahlungen weiter ausgebaut. Im Jahr 2012 kündigte das Unternehmen an, dass Kunden Zahlungen an der Kasse über Square (ein app-basiertes, mobiles

Zahlungssystem) vornehmen können, nachdem Starbucks 25 Millionen Dollar in den Service investiert hat.

Starbucks hat außerdem die Integration seiner Anwendung mit Apples nativer Passbook-Funktion ermöglicht, die Ticket-, Coupon- und Kundenkarteninformationen auf einem iPhone oder iPod Touch für einen bequemen Zugriff zusammenfasst.

Mobile Zahlungen bei Starbucks waren ein Erfolg für die Kundenfreundlichkeit, aber sie erweisen sich auch als finanzielle Vorteile. Die Bearbeitungsgebühren für Transaktionen über die mobile App und Square wurden erheblich reduziert. Mit über drei Millionen mobilen Zahlungstransaktionen pro Woche im Jahr 2012 hat die Einführung von Mobile-Payments die Transaktionsgebühren deutlich reduziert. Die Reduzierung kommt sowohl Kaffeetrinkern als auch Starbuck zugute.

Starbucks hat auch eine führende Präsenz im Bereich Social Media aufgebaut. Mit 54 Millionen Facebook-Fans, 3,4 Millionen Twitter-Follower und 900.000 Follower auf Instagram erreichte Starbucks

2012 den ersten Platz unter den sozial engagierten Unternehmen.

Digitale Experten wie Starbucks investieren nicht nur intelligent in Technologie und Kanäle. Sie maximieren diese Investitionen, indem sie ihren Marketingmedienmix optimieren. Burberry wagte den Sprung, indem es einen beträchtlichen Teil seines jährlichen Marketingbudgets auf digitale Medien umlenkte. Procter & Gamble, der Konsumgüterriese, investiert fast ein Drittel seiner Medienausgaben in digitale, soziale und mobile Medien. Eine nicht gerade einfache Entscheidung für einen der weltweit größten Werbetreibenden.

Nicht alle Unternehmen müssen so mutig sein. Das Forschungsunternehmen Gartner schätzte, dass große US-Unternehmen im Durchschnitt etwa 25 Prozent ihres Marketingbudgets für digitale Medien ausgeben. Unabhängig vom Betrag ist ein Neuabgleich erforderlich, wenn ein Unternehmen den vollen Nutzen aus der vergrößerten Kanalreichweite ziehen will.

Die Social Media Präsenz von Starbucks hat dem Unternehmen mehr als nur Fans eingebracht. Das Unternehmen nutzt soziale Medien auch, um kundenorientierte Innovationen voranzutreiben. Über die Website My Starbucks Idea hat Starbucks mehr als 150.000 vom Kunden eingereichte Ideen gesammelt, um seine Produkte, sein Kundenerlebnis und seine Unternehmensinitiativen zu verbessern. Sobald eine Idee eingereicht wird, kann die Kunden-Community der Website die Idee mit einem positiven oder negativen Votum bewerten und Starbucks dabei helfen, die besten Ideen zu identifizieren und umzusetzen.

Das Unternehmen schließt den Kreis mit seinem Blog *Ideas in Action*, in dem die Mitarbeiter persönlich auf Ideen reagieren und die Kunden wissen lassen, wann sie mit der Umsetzung ihrer Ideen in den Geschäften rechnen können. So schlug beispielsweise ein Community-Mitglied vor, dass es den Kunden leichter gemacht werden sollte, mehrere Bestellungen zu verwalten – was besonders nützlich für Leute ist, die am Mittag bei Starbucks etwas für ihre Kollegen mitnehmen.

In weniger als einem Monat stellte Starbucks sein Runner Reward-Programm vor. Das Programm bietet der Laufkundschaft ein komfortables Formular zur Verwaltung der Bestellungen und bietet ihnen ein fünftes Getränk (ihr eigenes Getränk) kostenlos an.

Die Zukunft ist heute

DIE NAHTLOSE VERBINDUNG PHYSISCHER UND DIGITALER ERFAHRUNGEN

Unternehmen mit mehreren Kundenkanälen – physisch, telefonisch, per Post, sozial, mobil usw. – stehen unter dem Druck, ein integriertes Erlebnis zu bieten. Um diese Allround-Erfahrungen zu ermöglichen, müssen Veränderungen sowohl im Frontend als auch in den operativen Prozessen konzipiert und umgesetzt werden. Innovation entsteht nicht, wenn man sich dem Alten und dem Neuen widersetzt.

Wie Burberry gezeigt hat, entsteht Innovation durch die kreative Verzahnung von digitalem und physischem Material, um neue und überzeugende Kundenerlebnisse zu schaffen und kontinuierliche Innovationen zu fördern. In ähnlicher Weise basiert das einzigartige Starbucks-Erlebnis auf der Verbindung mit Kunden auf ansprechende Weise. Aber Starbucks hört nicht mit dem physischen Geschäft auf. Es hat das Kundenerlebnis digital bereichert, indem es sein lokales, stationäres Erlebnis mit attraktiven neuen Online-Möglichkeiten verbindet.

Das Starbucks Digital Network wird über eine kostenlose Wi-Fi-Verbindung bereitgestellt und bietet Kunden im Geschäft hochwertige digitale Inhalte wie die New York Times oder The Economist, die sie neben ihrem Kaffee genießen können.

Die Macht digital transformierter Abläufe

Seien wir ehrlich: Die Transformation von Abläufen ist weniger sexy als die Transformation von Kundenerlebnissen. Ihre internen Technologien und Abläufe sind vielleicht nicht so schön und ausgefeilt wie das, was Sie Ihren Kunden zeigen. Ihre besten operativen Mitarbeiter sind vielleicht zäher und ruppiger als Ihre Verkäufer. Aber wir alle wissen, dass die Dinge, die äußerlich sexy sind, im Inneren nicht immer gut sind (und umgekehrt).

In einer Branche nach der anderen schaffen Unternehmen mit besseren Betriebsabläufen einen Wettbewerbsvorteil durch überlegene Produktivität, Effizienz und Agilität. Darüber hinaus sind starke operative Fähigkeiten eine Voraussetzung für ein außergewöhnliches digitales Kundenerlebnis.

Doch die operativen Fähigkeiten sind für Außenstehende weit weniger sichtbar als Veränderungen im Kundenerlebnis.

Die versteckte Natur der Geschäftsabläufe macht sie zu einer besonders wertvollen Quelle für Wettbewerbsvorteile. Wettbewerber können das Ergebnis sehen – bessere Produktivität oder Agilität – wissen aber nicht, wie Sie es bekommen.

Der operative Vorteil ist wirklich schwer zu kopieren, da er aus Prozessen, Fähigkeiten und Informationen resultiert, die wie eine gut eingestellte Maschine zusammenwirken.

Die einfache Umsetzung einer Technologie oder eines Prozesses allein reicht nicht aus. So dauerte es beispielsweise viele Jahre, bis die US-Automobilhersteller sich mit den Lean Manufacturing-Methoden (schlanke Produktion) von Toyota vertraut machten, obwohl Toyota bereitwillig

Werksbesichtigungen für die Führungskräfte seiner Konkurrenten durchführte.

In jüngster Zeit kämpften traditionelle Unternehmen weiterhin darum, die digital betriebenen Methoden von Online-Führungskräften wie Amazon.com und Google zu übernehmen, obwohl die Grundzüge dieser Methoden bekannt sind. Wie diese Fälle zeigen, können Jahre verstreichen, bis Wettbewerber den Vorteil versteckter Betriebsabläufe für sich in Anspruch nehmen können.

Es gibt viele Möglichkeiten. Unternehmen aller Branchen und Länder nutzen bereits den Vorteil des digitalen Geschäfts. Viele Führungskräfte treffen bessere Entscheidungen, weil sie über bessere Daten verfügen. Mitarbeiter arbeiten routinemäßig mit Menschen zusammen, die sie noch nie getroffen haben – an Orten, die sie noch nie besucht haben und bleiben immer und überall mit dem Büro in Verbindung. Mitarbeiter vor Ort, die mit aktuellen Informationen ausgestattet sind, treffen Entscheidungen und lösen operative Probleme kreativ in einer bisher unerreichten Weise.

Die Technologie – vom Roboter über die Diagnose bis hin zum Workflow-Management, kann menschliche Mitarbeiter in allen Bereichen von Kosten über Qualität bis hin zu Sicherheit und Umweltschutz übertreffen. Andere Technologien erhöhen die menschliche Arbeit, verbessern die menschliche Produktivität und verbessern die Erfüllung der Arbeit in Berufen, die vom Kundenbetreuer über den Anwalt bis hin zum Chirurgen reichen.

Durch die Virtualisierung der Geschäftsprozesse – die Trennung des Arbeitsprozesses vom Standort der Arbeit selbst und die Bereitstellung der benötigten Informationen für Entscheidungsträger unabhängig von der Quelle – nutzen Unternehmen die Technologie, um ihr globales Wissen und ihre Größe wirklich zu nutzen.

Also, wo fangen Sie an? Ein guter erster Schritt ist die digitale Optimierung Ihrer internen Prozesse. Sie können Kernprozesse digitalisieren, die Arbeitsweise der Mitarbeiter ändern, Transparenz in Echtzeit schaffen oder intelligentere Entscheidungen treffen. Aber das sollte nur ein Anfang sein. Die besten Unternehmen, wie viele der digitalen Experten, die ich untersucht habe, gehen weit über einfache Prozessverbesserungen hinaus.

Sie sehen Technologien als eine Möglichkeit, ihre Geschäftsabläufe zu überdenken und sich von veralteten Annahmen zu befreien, die aus den Grenzen älterer Technologien und organisationaler Topologien entstanden sind.

Die Zukunft ist heute

SCHAFFEN SIE IHREN OPERATIVEN VORTEIL

Die digitale Transformation der Abläufe begann in den sechziger und siebziger Jahren mit grundlegenden Transaktionssystemen. In den achtziger und neunziger Jahren beschleunigte sich die Entwicklung mit der Einführung von PCs, E-Mail- und Online-Systemen. In den 2000ern machte sie mit Mobiltelefonen, allgegenwärtigem Internet und kostengünstiger globaler Kommunikation einen Sprung nach vorne. Jetzt ist sie bereit, durch Technologien wie flexible Robotik, fortschrittliche Analytik, Sprach- und Übersetzungstechnologien und 3D-Druck noch schneller zu werden.

Wie können Sie also über die Möglichkeiten der Transformation Ihrer Abläufe nachdenken? Der Vorteil der digitalen Geschäftsabläufe besteht nicht nur darin, dass großartige Tools zur Verfügung stehen. Es ist eine Kombination aus Menschen, Prozessen und Technologien, die auf einzigartige Weise miteinander verbunden sind, um Ihnen zu helfen, Ihre Wettbewerber zu übertreffen.

Bei keinem der Beispiele in diesem Kapitel ging es nur darum, einem Prozess eine neue Technologie hinzuzufügen. Es ging vielmehr darum, die digitale Technologie als Chance zu nutzen, um die Funktionsweise der Prozesse in Ihrem Unternehmen zu überdenken.

Wenn Sie die Macht der transformierten Geschäftsabläufe nutzen, können Sie einen operativen Vorteil schaffen, den nur wenige andere kopieren können. Wenn Sie nach Möglichkeiten suchen, den Betrieb zu verändern, denken Sie nicht an mobile, analytische Geräte oder eingebettete Geräte. Denken Sie an Einschränkungen, mit denen Sie seit Jahren leben – Einschränkungen, die Sie nicht einmal berücksichtigen, weil sie einfach allgemein bekannt sind.

Sind die Annahmen, die hinter diesen Einschränkungen stehen noch immer wahr? Oder können neue Technologien es Ihnen ermöglichen, grundlegend anders zu arbeiten?

Hier finden Sie die besten Möglichkeiten.

Die digitale Transformation von Prozessen erfordert eine Vision, die über inkrementelle Optimierungen hinausgeht. Aber es erfordert auch etwas mehr. Die Transformation erfordert qualitativ hochwertige Daten, die in Echtzeit für die Menschen und Maschinen, die sie benötigen, verfügbar sind. Für viele Unternehmen beginnt die echte Transformation des Betriebs mit der Überarbeitung von Altsystemen und Informationen, um eine einheitliche Sicht auf Prozesse und Daten zu erhalten. Das ist keine leichte Aufgabe, aber es ist die Mühe wert.

Die Zukunft ist heute

DAS NEUERFINDEN VON GESCHÄFTSMODELLEN

Wie ich im Vorwort dieses Buches beschrieben habe, gibt es immer mehr Wellen des digitalen Wandels. Wettbewerbsorientierte Landschaften sind in ständiger Bewegung. Viele der Eintrittsbarrieren, die einst die etablierten Unternehmen und Sektoren geschützt haben, sind nun gefallen. Der Wettbewerb ist global und die digitalen Technologien haben Ressourcen bereitgestellt, um neue Möglichkeiten zu erschließen.

Die Haltbarkeit bestehender Geschäftsmodelle wird immer kürzer und stellt die Vorstellung eines nachhaltigen Wettbewerbsvorteils in Frage.

Führungskräfte in allen Branchen müssen für die Chancen und Gefahren der rasanten digitalen Entwicklung gerüstet und bereit sein, ihre Geschäftsmodelle bei Bedarf neu zu erfinden.

Die Neuentwicklung von Geschäftsmodellen beinhaltet manchmal eine radikale Veränderung dessen, was man verkauft, wie man es verkauft oder wie man damit Geld verdient. Eine Neuerfindung kann bedeuten, dass Sie sich die Art des Wettbewerbs in Ihrer Branche neu vorstellen oder Ihre Wertschöpfungskette neu gestalten, um einen erheblichen Effizienzvorteil gegenüber Ihren Wettbewerbern zu erzielen.

Es kann auch darum gehen, den Übergang von multinationalen zu wirklich globalen Unternehmen zu vollziehen, von Produkten zu Mehrwertdiensten zu wechseln oder in brandneue Märkte zu gehen. Es kann auch die Gründung neuer digitaler Unternehmen oder Dienste beinhalten, entweder um Ihr bestehendes Geschäftsmodell zu erweitern oder um es zu ersetzen.

Führungskräfte sehen das Wertschöpfungspotenzial in der Neuentwicklung von Geschäftsmodellen und zwar aus mindestens drei Gründen. Erstens kann die Neuerfindung die Wertschöpfungsketten neu ordnen und große Veränderungen in der Wettbewerbslandschaft bewirken. Sie hat bereits Milliarden von Euro an Wert in Bereichen wie dem Einzelhandel oder dem Luftverkehr geschaffen oder umverteilt.

Zweitens können gut ausgeführte Neuerungen von Geschäftsmodellen und deren operative Grundlagen nur schwer nachvollziehbar sein.

Das führt dazu, dass die Wettbewerber in Ihrer Branche nicht erkennen können, welchen Weg Sie einschlagen.

Und drittens fordert die exponentielle technologische Innovation von heute kontinuierlich Unternehmen mit Chancen (und Bedrohungen) heraus, ihre Geschäftsabläufe grundlegend zu überdenken. So generiert der 3D-Druck bereits neue Fertigungsmodelle und neue Kundenvorschläge, die vor einigen Jahren unvorstellbar waren. Und er revolutioniert die Ersatzteileversorgung, das just-in-time-Lieferverfahren, Lagerhaltungen und die Betriebssicherheit von Apparaten, Maschinen und Anlagen weit über die gewohnte Nutzungsdauer hinaus. Aber trotz der Begeisterung bleibt die Neuentwicklung des Geschäftsmodells schwer fassbar.

In meiner Umfrage gaben nur 7 Prozent der Befragten an, dass die digitalen Initiativen ihres Unternehmens bei der Gründung neuer Unternehmen helfen. Nur 15 Prozent gaben an, dass sich dank der digitalen Technologie neue Geschäftsmodelle entwickeln.

Es ist möglich, dass viele Führungskräfte nicht nach Möglichkeiten suchen, ihr Geschäftsmodell neu zu erfinden. Andere halten es vielleicht für zu riskant, um es zu versuchen.

Warum sollten Sie sich also Sorgen um die Neuentwicklung von Geschäftsmodellen machen müssen? Weil das Vernachlässigen ein noch größeres Risiko ist. Führungskräfte in den Bereichen Musik, Zeitungen und Aktienhandel haben bereits die radikalen Umbrüche erlebt, die die Neuentwicklung des digitalen Geschäftsmodells für ihre

Branchen mit sich bringen kann.

Branchen, die von der Versicherung bis zur Bildung reichen, beginnen das Gleiche zu erfahren. Unabhängig von Ihrer Branche müssen Sie bei der Herausforderung Ihres aktuellen Geschäftsmodells an vorderster Front stehen. Andernfalls wird es jemand anderes tun.

Die Zukunft ist heute

ETABLIERTE UNTERNEHMEN MÜSSEN SICH VORSEHEN

Das Geschäftsmodell, das den Londoner Taximarkt betreibt, war seit vielen Jahren stabil. Die Unternehmen vermittelten Angebot und Nachfrage über eine teure Infrastruktur: 24/7 Call Center und GPS-Geräte in den Fahrzeugen. Trotz dieser Technologie war es immer noch nicht einfach, ein Taxi in London zu bekommen. Etwas musste passieren.

Als sich 2010 drei Unternehmer und drei Taxifahrer (alle Gründer eines Start-ups namens Hailo) in einem Soho-Café in London trafen, war die Transformation des Geschäftsmodells das Letzte, woran sie dachten. Terry Runham, Russell Hall und

Gary Jackson – die drei Taxifahrer – hatten zuvor versucht, ein E-Taxi-Unternehmen auf den Markt zu bringen – dies mit gemischten Resultaten.

Ron Zeghibe, Jay Bregman und Caspar Woolley – die drei Geschäftsleute – hatten einen Algorithmus, der ursprünglich für ein E-Kurier-Unternehmen entwickelt wurde, das nach einem neuen Geschäftsmodell suchte. Die sechs verstanden sich sofort. Sie waren sich alle einig, dass die derzeitigen Ineffizienzen auf dem Londoner Taximarkt in eine Chance umgewandelt werden könnten.

Die wichtigsten Erkenntnisse der Taxifahrer schienen zunächst kontraintuitiv. Machen Sie sich in diesem Stadium keine Gedanken über das Kundenerlebnis. Kümmern Sie sich um die Erstellung eines Systems, das für die Fahrer funktioniert. Der Rest wird folgen. Die Unternehmer sahen das Potenzial. Sie konnten eine Differenzierung auf der Angebotsseite bewirken, wo sie Eintrittsbarrieren errichten konnten. Jeder Wettbewerber wollte Kunden gewinnen. Die Wettbewerber kämpften mit ähnlichen mobilen Kunden-Apps gegen ein

Nachahmer-Rennen. Ein anderer Ansatz war erforderlich.

Schon früh konzentrierte sich das Team darauf, zwei grundlegende Probleme zu lösen, die für das Leben der Taxifahrer von zentraler Bedeutung sind – die Maximierung der Auslastung und die Isolation. Die meisten Taxifahrer verbrachten zwischen 30 und 60 Prozent ihrer Zeit in einem leeren Taxi. Daher war es sinnvoll, einen Job im Austausch gegen eine kleine Gebühr anzubieten. Auch wenn die Taxifahrer eine kleine und enge Gemeinschaft bilden, fühlen sie sich oft isoliert. Es war also sinnvoll, eine soziale Gemeinschaft anzubieten - etwas das die Fahrer anspricht und sie miteinander verbindet. Damit schuf Hailo, welches 2016 von mytaxi übernommen wurde, ein präzises Leistungsversprechen für die Angebotsseite dieses zweiseitigen Marktes.

Hailo verwendet Analysen umfassend, um den Fahrern einen besseren Überblick über die verfügbaren Jobs zu geben, wie sie effizient an diese Jobs gelangen und wie sie die Leistung über die Zeit verfolgen können. Die App bietet dem Fahrer auch Echtzeit-Verkehrsinformationen. Fahrer können eine

Ausbruch-Warnung senden, wenn in einem bestimmten Bereich mehrere Aufträge verfügbar sind, zum Beispiel am Ende einer Theatershow.

Hailo ging noch einen Schritt weiter und stellte ein komplettes Logbuch für einzelne Fahrer in der App zur Verfügung.

Der Fahrer kann den Prozentsatz der Zeit, in der er beschäftigt ist, die Menge an Dieselkraftstoff, die er jeden Tag verbrennt, seinen Verdienst pro Stunde und eine Großzahl anderer Managementdaten messen.

Sie können sich tägliche persönliche Ziele setzen und ihre Leistung mit ihren historischen Profilen vergleichen. Um die Isolation zu beheben, bietet die App einen Newsfeed, in dem Fahrer ihren Status aktualisieren und Informationen mit anderen Taxifahrern austauschen können – ein Facebook für Taxifahrer sozusagen. Die Fahrer können eine Gruppe ihrer besten Freunde bestimmen, die sie kontaktieren und in der Stadt nachverfolgen können.

Nur wenige Monate nach der Einführung von Hailo war die durchschnittliche Auslastung deutlich gestiegen. Diese drastischen Ergebnisse begeisterten die Taxifahrer. Die Fahrer behaupten, dass der Einsatz von Hailo zu einem durchschnittlichen Anstieg des Geschäftsvolumens um 30 Prozent geführt hat. So schlossen sich bis 2013 über 60 Prozent der Londoner Taxifahrer dem Netzwerk an.

Aber was ist mit den Endkunden? Hailo entwickelte eine sehr einfache und intuitive Kunden-Smartphone-App. Sobald ein Kunde ein Taxi gefunden hat, erhält er dessen Kennzeichen und den Namen, das Foto und die Handynummer des Fahrers. Im Durchschnitt ist ein Taxi von Hailo vier Minuten entfernt, egal wo sich ein Kunde in der Stadt befindet.

Im Gegensatz zu ihren Konkurrenten geben die Hailo-Fahrer den Kunden außerdem eine fünfminütige Wartezeit, bevor die Taxameter starten. Bis Anfang 2012 erfolgten 99 Prozent der Zahlungen in bar. Zwei Drittel der Taxis konnten nicht einmal eine Kreditkarte verarbeiten und es gab einen Kundenzuschlag von 12,5 Prozent.

Mit Hailo können Kunden ihre Karten registrieren und mit einem einzigen Fingertipp direkt von ihrem Handy aus bezahlen. Bis 2013 gab es allein in London fast eine halbe Million registrierte Kunden.

Digitale Technologien haben es Hailo auch ermöglicht, extrem kostengünstig zu arbeiten. Hailo stellt keine Hardware zur Verfügung, sodass keine Kosten für die Installation teurer GPS-gestützter mobiler Anzeigegeräte anfallen – die Smartphones der Taxifahrer übernehmen das. Durch Massenverhandlungen hilft das Unternehmen den Fahrern, tolle Angebote von Telefongesellschaften zu erhalten.

Im Gegensatz zu Wettbewerbern hat Hailo keine Notwendigkeit für die damit verbundenen Ausgaben für die 24/7-Besetzung von Call Centern, da der Algorithmus in der Software einen besseren Job bei der Planung der Jobs jedes einzelnen Taxifahrers macht, als es Menschen könnten. Das Unternehmen ist global aufgestellt und deckt mehrere Städte auf der ganzen Welt ab – oft unter Anpassung des Wirtschaftsmodells an die lokalen Gegebenheiten. Das Unternehmen hat in achtzehn Monaten ein extrem erfolgreiches Geschäftsmodell aufgebaut.

Was Hailo zeigt, ist dass sich die Nutzung digitaler Technologien zur Kombination von Exzellenz im operativen Geschäft und Kundenerlebnis, verwebt in einem differenzierten Geschäftsmodell, auszahlen wird. Transformative Geschäftsmodelle wie Hailo oder das in San Francisco ansässige Äquivalent Uber sind selten nur eine technologische Story. Die digitale Technologie ist zwar der Kern des Erfolgs, ist aber in viele andere Elemente eingebettet, die zusammen ein großartiges Geschäftsmodell bilden: Angebotssteuerung, Wirtschaftsmodell, Kundenerfahrung und Effizienz in der Umsetzung.

Die Zukunft ist heute

DAS VERSTÄNDNIS DER GESCHÄFTSMODELL-TRANSFORMATION

Erfolgreiche Geschäftsmodelle haben keinen Ewigkeitswert. Manchmal erfordert die Schaffung neuer Mehrwerte, dass Sie sich in das unerforschte Gebiet neuer Geschäftsmodelle wagen. Geschäftsmöglichkeiten oder Wettbewerbsbedrohungen können der Katalysator für solche Veränderungen sein. Digitale Experten sind nicht paranoid. Sie gehen jedoch davon aus, dass Wettbewerber und neue Marktteilnehmer das Potenzial der digitalen Technologien nutzen können, um ihr Geschäft zu betreiben.

Sie sollten die gleiche Annahme treffen. Erstens benötigen Sie einen guten Überblick über Ihr aktuelles Geschäftsmodell (oder Ihre aktuellen Modelle). Sie sollten auch ständig auf der Suche nach Symptomen einer Geschäftsmodelländerung sein, die in Ihrem Unternehmen Alarm schlagen sollte.

Erleben Sie einen allmählichen Rückgang der traditionellen Einnahmequellen oder eine margenbedingte Verringerung aufgrund der Kommodifizierung? Treten neue Wettbewerber aus unerwarteten Orten oder angrenzenden Branchen auf? Gibt es billigere digitale Substitute für Ihre Produkte oder Dienstleistungen, die in Ihrem Markt Einzug halten? Gibt es in Ihrer Branche traditionelle Markteintrittsbarrieren?

Sie können wählen, ob Sie defensiv oder offensiv agieren möchten. Im defensiven Modus nutzen Unternehmen oft Daten und alle anderen Vorteile, um den Rückgang des alten Modells zu verlangsamen. Darüber hinaus kann eine aggressive Senkung der Betriebskosten die Liquidität und Investitionskapazitäten freisetzen, um den Übergang zu unterstützen. Aber Sie können sich auch dazu entscheiden, in die Offensive zu gehen.

Sie können ein Vorreiter sein, wenn es darum geht, das Geschäftsmodell Ihrer Branche zu überdenken. Sie können Wettbewerber oder andere Branchen stören, indem Sie ein traditionelles Produkt oder eine Dienstleistung durch ein neues digitales Angebot ersetzen. Mit neuen digitalen Geschäftsmodellen können Sie neue Einnahmequellen erschließen. Sie können Ihr Wertschöpfungsmodell neu konfigurieren und eine andere Rolle in der Wertschöpfungskette spielen. Oder Sie können nach Möglichkeiten suchen, Ihre Wertvorstellungen zu überdenken und Ihre bestehenden Kunden auf neue Weise zu bedienen. Der Umfang kann gewaltig sein, doch die Ausführung ist strategisch sinnvoll.

Fangen Sie nicht mit der Technologie an. Fangen Sie damit an, wie Sie Ihren Kunden einen höheren Mehrwert bieten können und denken Sie darüber nach, wie Sie diesen Wert operativ und gewinnbringend erzielen können. Dann nutzen Sie die Möglichkeiten der digitalen Technologie, um intelligenter, kostengünstiger und schneller dorthin zu gelangen. Erfahren Sie, wie andere

Branchen ähnliche Probleme gelöst oder ähnliche Möglichkeiten genutzt haben.

Es sind mehrere Wege möglich. Sie müssen Optionen priorisieren, die den größten Mehrwert für die Kunden generieren, die operativ schwer zu kopieren sind und die Ihnen ein profitables Wirtschaftsmodell bieten können. Sie müssen außerdem Ihr Risiko senken, indem Sie kontrollierte Experimente mit Ihrem neuen Modell durchführen. Sammeln Sie gleichzeitig die Daten, die Ihnen helfen, Ihre Annahmen zu verstehen und zu überprüfen. Häufig sind die technologischen Veränderungen, die neue Möglichkeiten für den Geschäftsmodellwechsel schaffen, dieselben, die Ihr bestehendes Modell stören können.

Das Entwerfen, Experimentieren und Implementieren neuer Geschäftsmodelle ist eine Aufgabe für Top-Unternehmensführer. Es handelt sich um eine strategische Aktivität. Funktionale Leiter werden nicht über ausreichende Autorität verfügen, um die Erprobung neuer Geschäftsmodelle in Geschäftssilos voranzutreiben. Die Umsetzung eines neuen Modells erfordert Vision, Führung und Steuerung.

Wenn das neue Modell letztendlich so konzipiert ist, dass es das alte ersetzt, müssen Sie wissen, wann und mit welcher Geschwindigkeit Ressourcen verschoben werden müssen; der Übergang erfolgt nicht über Nacht. Wenn das Alte und das Neue koexistieren sollen, müssen Sie mögliche Konflikte und die Ressourcenallokation zwischen den beiden sorgfältig managen.

Die Zukunft ist heute

Das Entwerfen Ihrer digitalen Vision

Als Jean-Pierre Remy 2009 CEO von Pages Jaunes wurde, war das Unternehmen in Schwierigkeiten. Als Marktführer in der schnelllebigen französischen Gelbe Seiten Industrie musste das Unternehmen jedes Jahr einen Rückgang seiner Druckumsätze um mehr als 10 Prozent hinnehmen. Wer würde im Zeitalter von Google und Yelp in einem dicken, gelben Buch nach Unternehmen suchen?

Pages Jaunes musste sich an die Welt der digitalen Suche anpassen – und zwar schnell. Remy versuchte seine Mitarbeiter davon zu überzeugen, dass digitale Verzeichnisdienste eine Chance darstellen.

Das Unternehmen verfügte nach wie vor über eine vertrauenswürdige Marke, starke Beziehungen zu seinen Werbetreibenden und ein kleines Standbein im Bereich der digitalen Dienste. Aber die Mitarbeiter des hundert Jahre alten Unternehmens waren skeptisch; Pages Jaunes war schon immer Branchenführer gewesen und es gab wenig Anlass, das Geschäft zu ändern.

Viele Mitarbeiter sahen in der Digitaltechnik eine Nebensächlichkeit, die für den Verkauf von Anzeigen in dicken Papierbüchern irrelevant war. Die Mitarbeiter hatten die Schaffung von Minitel – Frankreichs revolutionärem Online-Netzwerksystem der achtziger und neunziger Jahre – ohne Auswirkungen auf die Wettbewerbsposition des Unternehmens durchlebt.

Sie hatten die Dotcom-Blase von 1997 bis 2002 durchlebt, während Pages Jaunes der Branchenführer blieb. Selbst bei sinkenden Umsätzen gaben einige Mitarbeiter schlechtem Management die Schuld und nicht einer größeren Branchenveränderung. Nur sehr wenige sahen in der Digitaltechnik die Gefahr und Chance, die sie wirklich war.

Was die Mitarbeiter von Pages Jaunes brauchten, war klar: eine transformative Zukunftsvision, die überzeugender war als ihre aktuelle Sicht auf das Geschäft. Remy fand eine solche Vision: Pages Jaunes war nicht in der Branche der Herstellung schwerer gelber Bücher tätig. Das war es noch nie. Es ging darum, kleine Unternehmen mit lokalen Kunden zu verbinden. Bücher waren nur eine veraltete Technologie; die digitale Technologie konnte die Arbeit besser erledigen.

Diese Vision war klar und überzeugend. Sie zeichnete ein klares Zukunftsbild und knüpfte an die aktuellen Fähigkeiten des Unternehmens an. Die Vision machte deutlich, dass digital die Zukunft ist und dass Papierbücher verschwinden werden. Es gab den Mitarbeitern eine Vorstellung davon, wie ihre Arbeitsplätze und Fähigkeiten in die neue Welt passen könnten und wie sie eine Rolle in der digitalen Zukunft spielen könnten.

Remy kündigte zudem ein mutiges Ziel an: Pages Jaunes würde seinen Unternehmensmix von weniger als 30 Prozent Digitalumsatz auf mehr als 75 Prozent innerhalb von fünf Jahren verschieben. Dieses explizite Ziel hinderte die Mitarbeiter daran, darüber zu diskutieren, wie viel und wie schnell sie sich ändern mussten. Es bot auch eine klare Möglichkeit – digitale Einnahmen als Anteil am Gesamterlös – um den Fortschritt zu messen.

Alles, was die digitalen Einnahmen steigerte, war gut. Alles, was die Papierumsätze steigerte, war weniger wichtig.

Remy verbrachte die nächsten zwei Jahre damit, allen Menschen – von Mitarbeitern über Kunden bis hin zu Investoren – das Potenzial der digitalen Technologie für die Zukunft des Unternehmens zu vermitteln. Er kommunizierte ehrlich und immer wieder mit seinen Mitarbeitern. Einiges von dem, was das Unternehmen groß gemacht hat, wäre auch in Zukunft wertvoll. Andere Dinge müssten langsam verschwinden.

Die Marke des Unternehmens könnte in der digitalen Welt weiterhin stark sein. Die Kundenbeziehungen, die die Verkäufer über Jahre aufgebaut hatten, waren immer noch wertvoll – aber die Vertriebsmitarbeiter müssten lernen, digitale Dienstleistungen anstelle von Papieranzeigen zu verkaufen. Einige buchorientierte Fähigkeiten, wie Druck und Auslieferung, wären in Zukunft weniger nützlich.

Aber Pages Jaunes sollte noch einige Jahre länger im Papiergeschäft bleiben – die Zeit war ausreichend, damit die Leute im Papierboot in den Ruhestand gehen, sich umschulen oder in ein anderes Unternehmen wechseln konnten.

Die Führungskräfte von Pages Jaunes haben schnell reagiert, um die Investitionen und Fähigkeiten des Unternehmens neu auszurichten. Sie stellten erfahrene Mitarbeiter ein, die über digitale Fähigkeiten und die Einstellung verfügen, um in der digitalen Wirtschaft zu arbeiten. Sie schulten Verkäufer um, damit sie digitale Dienstleistungen verkaufen und schulten Designer, damit sie digitale Anzeigen und Webseiten erstellen konnten.

Sie investierten in Prototypen für digitale Dienste wie Webdesign und mobile Apps, um den Klienten zu zeigen, wie sie ihre Kunden auf neue Weise erreichen können. Sie schlossen sogar einen Vertrag, um mit Google zusammenzuarbeiten, anstatt in einen Wettbewerb zu treten. Schließlich setzte Remy ein starkes Signal, indem er alle unnötigen Investitionen in das traditionelle Buchgeschäft einfrierte.

Der Übergang war weder reibungslos noch unmittelbar. In einem Land, in dem die Entlassung von Mitarbeitern sehr schwierig ist, haben sich einige Mitarbeiter dem Wandel widersetzt. Remy überzeugte einige, sich an der Transformation zu beteiligen, während er Wege fand, um diejenigen zu umgehen, die es nicht taten. Als die digitalen Einnahmen langsamer als geplant wuchsen und die Einnahmen aus dem physischen Buchhandel aufgrund der weltweiten Rezession schneller zurückgingen, mussten die Führungskräfte die Schulden des Unternehmens umstrukturieren.

Aber die Kunden begannen den Wert digitaler Dienste zu erkennen und die Verkäufer lernten, wie man sie verkauft. Bis 2013, vier Jahre nach der Ankündigung seiner neuen digitalen Vision durch Remy und ungeachtet der wirtschaftlichen Schwierigkeiten Europas, hatte Pages Jaunes seine Transformationsziele fast erreicht. Die jährlichen digitalen Umsätze stiegen schnell genug, um die meisten der jährlichen Verluste des Unternehmens im papierbasierten Geschäft zu kompensieren. Zum ersten Mal seit seinem Eintritt in das Unternehmen prognostizierte Remy ein Gesamtumsatzwachstum bis 2015. Während die Gelbe Seiten Unternehmen auf der ganzen Welt damit kämpften, den digitalen Wettbewerb zu bewältigen, ist Pages Jaunes heute ein Unternehmen geworden, das auf digitaler und nicht auf Papiertechnologie basiert.

Die Zukunft ist heute

DIE VISION IST WICHTIG; DIE TRANSFORMATIVE VISION IST NOCH WICHTIGER

Die Veränderungen, die durch die digitale Transformation herbeigeführt werden, sind real. Doch selbst wenn Führungskräfte die digitale Bedrohung und Chance sehen, müssen Mitarbeiter möglicherweise dennoch überzeugt werden. Viele Mitarbeiter haben das Gefühl, dass sie dafür bezahlt werden, einen Job zu machen und nicht, um diesen Job zu verändern.

Sie haben in der Vergangenheit große Initiativen durchlebt, die nicht in die Tat umgesetzt wurden. Für viele ist die digitale Transformation entweder irrelevant oder nur eine weitere vorübergehende

Modeerscheinung.

Andere wiederum verstehen vielleicht nicht, wie sich der Wechsel auf ihre Arbeit auswirkt oder wie sie den Übergang vollziehen könnten.

Meine Forschung zeigt, dass eine erfolgreiche digitale Transformation an der Spitze des Unternehmens beginnt. Nur die obersten Führungskräfte können eine überzeugende Zukunftsvision entwickeln und diese im gesamten Unternehmen kommunizieren.

Daraufhin können die Menschen auf der mittleren und unteren Ebene die Vision Wirklichkeit werden lassen. Manager können Prozesse neu gestalten, Mitarbeiter können anders arbeiten und jeder kann neue Wege finden, um die Vision zu erfüllen. Diese Art von Veränderung geschieht nicht durch eine bloße Anweisung. Es muss geführt werden.

Schlusswort

Die Innovationen, die wir in den vorangegangenen Kapiteln diskutiert haben, darunter soziale Netzwerke, mobile Geräte und Analytik sind sicherlich leistungsstark und tiefgreifend.

Sie gestalten Kundenerlebnisse, Abläufe und Geschäftsmodelle neu. Das Tempo und die Wirkung dieser Innovationen sind erstaunlich, aber sie sind nur der Auftakt für das, was kommen wird.

Die Rolle der Technologie als endloser Motor der Geschäftswelt wird nicht nur anhalten, sondern sich auch exponentiell beschleunigen. Moore's Law wird weiterhin der zentrale Trommelschlag der digitalen Zukunft sein.

In fünf Jahren wird die Technologie etwa zehnmal so leistungsfähig sein wie heute und das zum selben Preis. In zehn Jahren wird sich die Steigerung verhundertfachen. Wenn Sie in den letzten Jahren Schwierigkeiten hatten, mit den Wellen der Veränderungen Schritt zu halten, werden Sie eine schwere Zeit durchmachen müssen.

In Zukunft wird es noch schwieriger sein, Schritt zu halten, wenn Sie nicht die Fähigkeiten eines digitalen Experten entwickeln.

Die wichtigste Innovation sind die anhaltenden Auswirkungen von Daten und Analysen auf das Geschäft – der explosionsartige Anstieg der Menge der in digitaler Form verfügbaren Informationen und die Fähigkeit der Unternehmen, neue Erkenntnisse für intelligentere Entscheidungen zu nutzen. Dies ist eine grundlegend wichtige Entwicklung, denn Daten sind das Herzblut der Wissenschaft – um unser Verständnis dafür zu verbessern, weshalb und unter welchen Umständen etwas geschieht.

In den kommenden Jahren werden intelligente Unternehmen Big Data nutzen, um in vielen wichtigen Bereichen besser, intelligenter und konsequenter zu werden: Vorhersagen und Prognosen treffen, Menschen einstellen und fördern, über Produkteigenschaften entscheiden, interne Prozesse optimieren, Marketing und Werbung betreiben und Produkte und Dienstleistungen anpassen (um nur einige zu nennen).

Unternehmen, die Big Data verwenden, um bei diesen Aktivitäten besser zu werden, werden sich besser entwickeln als diejenigen, die es nicht tun. Der Erwerb neuer analytischer Fähigkeiten kann nicht schnell genug erfolgen, da Unternehmen reichhaltigere Daten über ihre Kunden und Abläufe sammeln, während unstrukturierte Datenanalyseverfahren soziale Medien für die Analyse öffnen und immer mehr Geräte Daten über das „Internet der Dinge" melden.

Wie werden sich Ihre internen Prozesse verändern, wenn Sie detaillierte Informationen über die volle Leistung von Prozessen und Produkten in Echtzeit haben?

Wie werden sich Ihre Einstellungs- und Personalprozesse verändern, wenn Sie diese

Art von Messverfahren für Mitarbeiter haben?

Wie viel besser werden Sie in der Lage sein, Ihre Dienste durch immer detailliertere Einblicke in Kundenbedürfnisse und -verhalten zu personalisieren?

Die Technologie reicht in jeden Winkel der Geschäftswelt – jede Branche, jedes Unternehmen, jeder Prozess, jede Entscheidung und jeder Job – und bringt tiefgreifende Veränderungen in Bezug darauf mit sich, wie Unternehmen strukturiert und geführt werden, wie sie funktionieren und wettbewerbsfähig sind. Im Laufe der Zeit wird es ein neues Spielfeld mit neuen Regeln schaffen – und damit neue Gewinner und Verlierer.

Es ist noch nicht ganz klar, wie sich eine der hier diskutierten Innovationen entwickeln wird oder wie breit und tief ihre Auswirkungen sein werden. Ich denke, dass jede einzelne von ihnen wahrscheinlich eine große Sache in der Geschäftswelt sein wird. In Kombination werden ihre Auswirkungen enorm transformativ sein. Ich bin zudem zuversichtlich, dass andere Technologien noch transformativer werden; wir wissen nur noch nicht, was das bedeutet.

Die Geschichte des technologischen Fortschritts, insbesondere des Fortschritts im Bereich der digitalen Technologien, ist eine ständige Überraschung. Wer hätte gedacht, dass der PC innerhalb einer Generation zu einem unverzichtbaren Tool für praktisch jeden Wissensarbeiter werden würde? Dass eine Multimedia-Schnittstelle das Internet vom Netzwerk eines Computerfreaks zum Bindegewebe der Welt machen würde?

Dass Telefone eine völlig neue Kategorie von Computergeräten werden würden? Dass soziale Medien, die vor zehn Jahren nur eine Ablenkung waren, sich auf Milliarden von vernetzten Menschen vergrößern und zu einer lebendigen Organisationskraft werden, die Regierungen stürzen könnten?

Der beste Weg, sich auf diese Veränderungen vorzubereiten – und das ist wahrscheinlich der einzige Weg – ist jetzt mit der Arbeit zu beginnen, ein digitaler Experte zu werden.

Unternehmen, die der Technologie gegenüber gleichgültig oder sogar feindselig sind oder nicht herausgefunden haben, wie sie Teil des Herzens des Unternehmens werden kann, werden es immer schwerer haben, da die Innovationen immer weiter zunehmen und die Management-Durchbrüche immer häufiger stattfinden. Ich habe dieses Buch als Leitfaden geschrieben, um Ihnen bei der Umsetzung der digitalen Kompetenz zu helfen.

Es ist keine Blaupause – keine vollständige Beschreibung von allem, was Sie tun müssen, um ein technologisch versiertes Unternehmen aufzubauen – da es keine solche Blaupause gibt. Jedes Unternehmen ist anders, ebenso wie der Weg jedes Unternehmens zur Kompetenz. Aber die Muster, die wir anhand der Unternehmen gesehen haben, die es gut können – die DNA der digitalen Experten – können für jede digitale Transformation hilfreich sein.

Ich hoffe, dass die Beispiele, Erklärungen und Rahmenbedingungen, die ich in diesem Buch geteilt habe, nützlich für Sie sein werden und Ihrem Unternehmen helfen werden, in einer neuen, digital veränderten Welt erfolgreich zu sein.

Dazu wünsche ich Ihnen von Herzen gutes Gelingen, Freude in Ihrem Unternehmen und Freude im Erleben der sich verändernden Welt!

LITERATUR

1. "Nike's Just Getting Going: CEO Parker," Bloomberg, 9. Oktober, 2013, www.bloomberg.com/video/nike-s-just-getting-going-ceo-parker - OdYc8j3aRr2fiNMbiNvpfg.html

2. „Nike's Just Getting Going: CEO Parker."

3. Capgemini Consulting, "Building a World Leader Through Digital Transformation: Ein Interview mit Manish Choksi," Digital Transformation Review, no. 2, January 1, 2012, www.capgemini-consulting.com/digital-transformation-review -ndeg2, 42–47.

4. Could your Fitbit data be used to deny you health insurance? Andrew Boyd, 2017, http://theconversation.com/could-your-fitbit-data-be-used-to-deny-you-health-insurance-72565

www.ingramcontent.com/pod-product-compliance
Lightning Source LLC
Chambersburg PA
CBHW021421210526
45463CB00001B/472